JN412448

성경에 손 때 묻히기

성경 단어 끝말잇기
주제별 성경퀴즈

성경에 손 때 묻히기

|성경 단어 끝말잇기
|주제별 성경퀴즈

1판 인쇄일, 2020년 2월 25일
1판 발행일, 2020년 3월 5일

지은이_ 정춘석
펴낸이_ 한치호
펴낸곳_ 종려가지
등　록_ 제311-2014000013호(2014. 3. 21)
주　소_ 서울특별시 은평구 은평로 14길 9-5
전　화_ 02. 359. 9657
디자인 표지 이순옥/ 내지 이수연
제작대행 세줄기획(02.2265.3749)
영업(총판) 일오삼
전　화_ 02. 964.6993 팩스 2208.0153

값 12,000 원

ISBN 979-11-87200-82-6 03230

성경에 손 때 묻히기

성경 단어 끝말잇기
주제별 성경퀴즈

정춘석 목사 지음

문서사역
|종|려|가|지|

머 | 리 | 말

성경은 하나님께서 우리에게 주신 선물 중 하나이다.
이 선물 속에는 수많은 보물이 있음에도 불구하고 풀어보지도 아니한 체 그저 갖고만 다닌다. 아니, 이제는 성경 없이도 예배를 드리고 있다. 그림 한 점 없고 시커먼 표지 속에 있는 빽빽한 글씨에 겁을 먹고 열어보지 아니했다면 이제는 보물 속에 있는 좋은 것을 하나씩 꺼내어 읽고, 믿고, 묵상하고, 그대로 살아야 한다.

성경퀴즈라기보다는 성경에 손때를 묻히는 작업을 하자는 것이다.
쉽게 생각하는 성경퀴즈라 하여 성경이 없이 풀어나갈 것이라는 생각을 버려야 한다.
성경 구석구석까지 찾아가 보는 지침서이다.
성경과 친하여져 당당하고 확실한 성도로 나서기 위함이다.

매주 주보에 실려 예배당에 먼저 온 성도들이 준비하며 묵상하여도 좋을 것이다. 이 팀, 저 팀으로 나누어 성경퀴즈대회를 해도 좋을 것이고, 구역예배나 소그룹성경공부를 시작하기 전에 또는 교회 숙제처럼 활용하여도 좋을 것이다.

성경을 공부하는 더 많은 다양한 방법을 통하여 말씀대로 살아가는 성도들이 이 땅에 가득하길 기도해 본다. 이 책을 위해 끊임없이 땀 흘리며 수고하신 한치호 목사님께 진심으로 감사를 드린다.

2020년 2월
수명산 아래 친구교회에서
정춘석 목사

성경 단어 끝말잇기

1

1. □□□□ 기름 부은 자라는 뜻(마16:16)

2. □□ 의심 많은 제자(요20:24)

3. □□ 예수님의 제자 중 세리(눅5:27-29)

4. □□ 맨 처음(창1:1)

5. □□□ 수장절이라고도 하며 일주일간 광야생활을 하는 절기(레23:34)

6. □□ 명절(출5:1)

7. □□ 마음에 바라는 바를 하나님께 비는 일 또는 의식(마6:9)

8. □□□ 다비다라고도 불리 우는 여자(행9:36)

9. □□ 아담과 하와의 큰 아들(창4:1-17)

10. □□ 사람의 아들로 예수님이 자기 자신을 가르치는 말(마8:20)

2

1. □□□ 갈멜산에서 하나님의 응답을 받은 선지자(왕상18:19-20)

2. □□□ 가버나움의 회당장으로 12살 딸을 예수님께서 살려 주심(눅8:41)

3. □□ 바울의 마지막 전도여행지로 옥에서 만 2년 있으면서 복음을 전한 곳(행28:16)

4. □□ 신양성경 제 2복음서의 저작자(행12:25)

5. □□□□ 마리아에게 예수 탄생을 예고한 천사(눅1:26-33)

6. □□□ 엘리야의 제자(왕하2: -14:)

7. □□ 구약시대에 선지자직,왕직,제사장직을 겸한 사람(민25:5)

8. □□ 다니엘이 들어갔던 굴에 있던 동물(단6:7)

9. □□ 남에게 구속을 받지 않고 제 마음대로 함(롬7:3)

10. □□□ 바울이 강론 할 때에 3층루에서 떨어져 죽었다가 살아난 청년(행20:9)

3

1. □□ 하나님의 말씀(딤후3:16)
2. □□ 정신을 차려 깨닫게 함(시127:1)
3. □□ 신성하고 깨끗함(롬1:4)
4. □□ 결정하여 단정함(창44:7)
5. □□ 필요할 때 알맞게 오는 비(신32:2)
6. □□ 비평하여 판단함(마7:1)
7. □□ 나무로 만든 널판(왕상6:36)
8. □□ 스스로 죄를 고백함(겔12:16)
9. □□ 국민(창9:19)
10. □□ 물과 이것으로 거듭나지 아니하면 하나님의 나라를 볼 수 없음(요3:3)

4

1. □□ 자기 백성을 저희 죄에서 구원할 자(마1:23)

2. □□□ 유대 북쪽에 있는 큰 나라로 다메섹이 그 중심지다(사17:3)

3. □□□ 예루살렘에 있는 선지자로 안디옥에 있는 바울에게 흉년 들 것을 예언함(행11:28)

4. □□□ 룻의 남편이며 다윗왕의 증조부(룻4:21)

5. □□□ 일곱 집사중 한 사람으로 돌에 맞아 죽은 순교자(행6:)

6. □□ 넓고 편편한 돌(마16:18)

7. □□ 세례요한의 음식중 하나(마3:4)

8. □□□ 높은 벼슬아치 집에 드나들며 여러 가지 일을 맡아 보던 사람(벧전4:10)

9. □□□ 여호수아가 침입할 때 화해를 먼저 제의하여 화를 면한 지역(수9:)

10. □□ 온화하고 부드러움(마5:5)

5

1. □□□□ 하나님이 우리와 함께 계심(마1:23)

2. □□□□ 세례요한의 어머니(눅1:13)

3. □□□ 예수께서 이곳에서 나귀새끼를 타시고 예루살렘에 입성하셨다(막11:1)

4. □□□ 엘리사의 종(왕하4:14)

5. □□ 르호보암 때 예루살렘에 침입하여 성전에 있는 보물을 빼앗아 간 자(왕상14:25)

6. □□□ 뽕나무에 올라간 세리장(눅19:1)

7. □□□□ 빌레몬의 종(골4:7-9)

8. □□ 물에서 건졌다는 뜻을 가진 이름(출2:10)

9. □□□ 올이 고운 삼베(창41:42)

10. □□□ 포도로 담근 술(요2:3)

6

1. □□□□ 여호와를 찬양하라(마26:30)

2. □□□ 서기관, 학자들이 거주하는 유다의 한 성읍(대상2:25)

3. □□□□ 스룹바벨의 부친(스3:2)

4. □□ 사사시대의 말기 대제사장으로 목이 부러져서 죽은 사람(삼상1:9)

5. □□□ 이삭의 부인(창24:10-67)

6. □□□ 젖과 꿀이 흐르는 땅이라 불리운 곳(출3:8)

7. □□□ 처음으로 그리스도인이라 불리운 곳(행11:26)

8. □□ 옥으로 만든 뚜껑이 있는 작은 그릇(마26:7)

9. □□ 꼭 알맞음(창20:9)

10. □□ 놀라서 어찌할 줄을 모름(사32:10)

7

1. □□□□ 믿음의 조상(창17:5)
2. □□ 납달리의 성읍(수19:35)
3. □□□ 가롯 유다 대신 예수님의 제자의 수에 들어간 자(행1:23)
4. □□ 아골골짜기에서 돌에 맞아 죽은 자(수7:16-26)
5. □□□ 에디오피아의 여왕(행8:27)
6. □□□ 모세의 아들(출2:21)
7. □□□ 솜을 뚤뚤말거나 엉키게 하여 이룬 덩이(잠31:19)
8. □□ 부끄러움과 욕됨(사망17:26)
9. □□ 탐내는 마음(약1:15)
10. □□ 사건을 헤아리고 살피어 판단 또는 판결함(롬3:26)

8

1. □□ 방주를 만든 자(창5:28)
2. □□ 야곱의 첩 실바의 소생(창30:13)
3. □□ 시편에 자주 나오는 단어로 소리나 주악의 곡조를 높이라는 기호(시3:2)
4. □□□□□ 미지근하다 하여 꾸중을 들은 교회가 있던 곳(계3:16)
5. □□□□ 나발의 아내였다가 다윗의 아내가 된 자(삼상25:42)
6. □□□□ 해달별을 일컫는 말(신17:3)
7. □□□□ 신통하고 묘하여 측량할 수 없음(시139:14)
8. □□ 불쌍하고도 가엾음(렘31:20)
9. □□ 하나님께서 내려주신 선물(고전12:4)
10. □□ 다메섹 도상에서 주를 만난 자(행8:1)

9

1. □□□ 예수님께서 달려 돌아가신 형틀(마10:38)
2. □□□ 안나스의 사위요 대제사장인 자(마26:26)
3. □□ 시날 평지에 세운 성으로 언어가 혼잡케 된 곳(창11:1-9)
4. □□□ 느부갓네살의 아들(단5:11)
5. □□□ 야고보와 요한의 모친(막15:40)
6. □□ 일정한 곳에 몰래 숨어 있음(수8:4)
7. □□ 명령대로 좇음(창16:9)
8. □□ 세상의 끝날(민23:10)
9. □□□ 구약의 마지막 책(말1:1)
10. □□ 항상 해야 할 일(살전5:16)

10

1. □□ 반가운 소식(마4:23)
2. □□ 음을 통하여 미감을 일으키는 예술(대하34:12)
3. □□ 니므롯이 시날 땅에 건설한 4대 도시중의 하나(창10:10)
4. □□□ 스룹바벨과 함께 돌아온 레위사람 호드야 자손(느7:43)
5. □□□ 헬론의 아들(민1:9)
6. □□ 세력으로 누르고 구박함(민10:9)
7. □□ 손뼉을 침(왕하11:12)
8. □□ 얼굴이나 몸을 닦기 위한 헝겊이나 천(출34:33)
9. □□□ 마른 포도
10. □□ 훔치는 사람(출22:2)

11

1. □□ 맨처음 남자(창4:8)
2. □□ 이야기의 다른 말(삼상9:25)
3. □□□ 하나님의 은혜에 감사하여 드리는 제사의 한 가지(출20:24)
4. □□ 하나님께 정성을 드리는 의식(창31:54)
5. □□ 예수의 열 두 제자(마10:2)
6. □□□ 느헤미야의 예루살렘성의 중수를 방해한 자(느6:1-19)
7. □□□ 아몰왕 시혼의 성읍(민21:23)
8. □□□ 바울이 로마에 있을 때 사귄 교우의 이름(롬16:9)
9. □□ 함의 장자요 니므롯의 부친(창10:6-8)
10. □□ 여호와를 섬기는 세 쌍의 날개를 가진 천사(사6:2)

12

1. □□ 불러냄을 받은 사람들의 무리(엡1:23)

2. □□ 유대인의 집회장소(마6:2)

3. □□ 그 일을 맡아 보는 곳(요7:26)

4. □□ 국가의 금고(대하8:15)

5. □□ 괴롭고 아픔(창3:16)

6. □□ 간음행위(창35:22)

7. □□ 부부가 아닌 남녀의 성적관계(출20:14)

8. □□ 먹고 마심(창37:25)

9. □□ 생물계를 둘로 나눌 때 동물이 아닌 부분(욥8:16)

10. □□ 사람의 감관으로써 감식할 수 있는 사람 이외의 유형 모든 것(창31:37)

13

1. □□ 죄에서 건짐을 받음(롬5:9)
2. □□ 원한의 대상(창3:15)
3. □□□ 수비와 경계를 위하여 배치된 군대(삼상13:3)
4. □□□□ 하나님께 제사하는 일을 맡은 직분을 가진 사람 중의 으뜸인 자(출27:21)
5. □□ 나이 많고 덕이 있는 교회의 직분자 중의 하나(벧전5:1-5)
6. □□□ 호세아와 고멜의 둘째 아들의 상징적 이름(호1:9)
7. □□ 두 눈썹 사이(출13:9)
8. □□ 간사하고 교묘하게 속임(창3:1)
9. □□ 스스로 잘난체 하며 뽐냄(출18:11)
10. □□ 조금도 언짢음이 없이 흐뭇함(고후3:5)

14

1. □□ 고맙게 느끼는 마음(마11:25)

2. □□□□ 갈릴리와 유대지방 사이에 있는 지역이름(눅17:11-19)

3. □□□□ 가룟 유다가 예수를 판돈으로 산 밭(행1:19)

4. □□□ 아브람이 이곳 상수리 나무 곁에 천막을 쳤다(창13:18)

5. □□ 야곱이 레아에게서 난 셋째 아들(창29:34)

6. □□ 어루만져 괴로움을 잊게 함(창24:67)

7. □□ 마가의 집에 있다가 베드로의 출옥을 알린 자(행12:13)

8. □□ 아브라함의 아버지(창11:32)

9. □□ 야곱의 아내로 요셉의 어머니(창30:22-24)

10. □□ 예수의 모친 마리아의 남편 요셉의 부친(눅3:23)

15

1. □□ 도를 세상에 널리 전함(마11:1)
2. □□ 인장(창38:18)
3. □□ 아내의 친아버지를 일컫는 말(출3:1)
4. □□ 참고 견딤(눅8:15)
5. □□ 앞으로 올 세상(막10:30)
6. □□□ 야고보와 요한의 부친(마4:21)
7. □□□ 큰 임금의 하나님(마4:13)
8. □□ 돈이나 그 밖의 값이 나가는 물건(창14:11)
9. □□□ 물을 길어 놓고서 쓰는 큰 가마(출30:18)
10. □□ 수레나 쟁기를 끌기 위하여 말이나 소의 목에 얹는 기구(창27:40)

16

1. □□ 아름다움과 착한마음으로 하나님을 송축함(삼하18:28)
2. □□□ 양들의 떼(벧전5:2)
3. □□ 기브아인으로 다윗의 30용사 중 하나인 잇대의 부친(삼하 23:29)
4. □□ 은혜를 배신함(수22:18)
5. □□ 국가나 민족 또는 공공을 위한 큰 일(출1:13)
6. □□ 사기로 된 밥그릇(렘35:5)
7. □□□ 잇사갈의 족장 앗산의 아들(민34:26)
8. □□□□ 욥의 세 친구 중 가장 연장자로 데만 사람(욥2:11)
9. □□ 자기를 가르쳐 이끌어 주는 사람(대상25:8)
10. □□ 싸워서 이김(삼상26:25)

17

1. □□□□ 에덴동산을 둘러 흐르는 4대강 중의 하나(창2:14)
2. □□ 욥의 친구 엘리바스의 고향(욥2:11)
3. □□ 이스라엘 백성에게 하늘에서 내려 광야에서 먹은 양식(출16:14)
4. □□□ 룻의 시어머니(룻1:1)
5. □□ 두 눈썹 사이(출13:9)
6. □□□ 에디오피아의 여왕(행8:27)
7. □□ 본명이 시몬인데 예수께서 그에게 지어준 이름(요1:42)
8. □□ 요단강 동편 광활하고 비옥한 지방(수12:4)
9. □□□ 느헤미야에게 적대감을 가진 자(느4:1)
10. □□ 이새의 다섯째 아들(대상2:14)

18

1. □□ 인류를 구원할 자(눅1:47)
2. □□ 시골 길가에서 술과 밥을 팔고 나그네를 재우는 집(눅10:34)
3. □□□ 마리아의 고향(마27:56)
4. □□ 드보라의 고향(삿4:5)
5. □□ 여사사 드보라의 시(삿5:14)
6. □□□ 사사 입다의 부친(삿11:1)
7. □□□□ 소아시아 남해안의 유수한 항구(행14:25)
8. □□□□ 예수께 무덤을 드린 요셉의 고향(마27:57)
9. □□ 크게 베푼 잔치(창21:8)
10. □□□□ 마소를 부리어서 곡식을 찧는 큰 맷돌(마18:6)

19

1. □□　전의 잘못을 뉘우치고 고침(마3:8)
2. □□　개골창 물이 흘러 가도록 판 긴 내(창30:38)
3. □□　하늘과 땅(창1:1)
4. □□□　걸을 때에 짚는 막대기(창32:10)
5. □□□　아모스의 아들로 4대 선지자 중 하나(사1:1)
6. □□　야벳의 자손(대상1:5)
7. □□　평안하고 온전하여 걱정이 없음(창12:13)
8. □□□　헛되고 헛되도다라고 한 솔로몬이 기록한 성경중 하나(전1:1)
9. □□□　하나님께 맹세하며 드리는 제사(레22:18)
10. □□　악기의 하나로 심벌과 같은 것(삼하6:5)

20

1. □□□ 예수의 제자 중 하나로 주는 그리스도라 고백한 자(마16:16)
2. □□□ 마길의 고향(삼하9:4)
3. □□ 르우벤의 아들(출6:14)
4. □□□ 두아디라성의 자주장사(행16:14-15)
5. □□ 진실하다의 뜻이 있는 것으로 기도와 축복 끝에 사용한 말(왕상1:36)
6. □□ 다윗의 증손자(눅3:31)
7. □□ 관악기의 총칭(민10:8)
8. □□□ 팔의 위 아래가 붙은 곳으로 바깥쪽(겔40:5)
9. □□ 부끄럼과 욕됨(삼상17:26)
10. □□ 자기에게만 이롭게 하고자 하는 마음(민15:39)

21

1. □□ 원래의 이름이 사울이었던 자(행7:58)
2. □□ 분한 마음이 가슴에 가득히 쌓여 있음(잠22:24)
3. □□ 분하여 몹시 성을 냄(창27:45)
4. □□ 늙은 이(창43:27)
5. □□ 어질고 남을 사랑하는 마음(창47:29)
6. □□ 슬픈 마음을 읊조린 노래(대하35:25)
7. □□□□ 베드로의 장모와 네 친구에 의해 온 중풍병자가 나음을 받은 장소(마8:5)
8. □□ 땅을 파고 지은 땅굴 집(잠25:24)
9. □□□ 마리아의 고향(마27:56)
10. □□ 므두셀라의 아들(창5:25)

22

1. □□ 형과 아우(창9:5)
2. □□□ 제사들 중의 우두머리(창14:18)
3. □□ 하나님의 법궤를 모셔 두었던 거룩한 장소(민11:26)
4. □□□ 가늘고 긴 나무나 대(사10:24)
5. □□ 굶주림(창12:10)
6. □□ 가까운 곳에 있는 땅(신1:7)
7. □□ 사람이 살고 있는 땅 덩어리(눅21:35)
8. □□□ 예수의 십자가를 대신 진 시몬의 고향(막15:21)
9. □□□ 로마에 있는 신도의 이름중 하나(롬16:15)
10. □□□ 여자의 같은 항렬의 손위의 사내(창20:5)

23

1. □□ 하나님께서 내려주신 선물(고전12:4)
2. □□ 보내심을 받은 자라는 뜻을 가진 것으로 예수님의 열 두 제자(마10:2)
3. □□ 베드로에 의해 다시 살아난 자로 다비다라고도 함(행 9:36)
4. □□□□ 교법사이며 공회 회원으로 바울이 존경하는 선생(행 5:33-40)
5. □□□□ 세례요한의 어머니(눅1:13)
6. □□□ 베드로 안드레 빌립의 고향(마11:21)
7. □□ 유다와 동침하여 베레스와 세라를 낳은 자(마1:3)
8. □□□ 구약성경의 맨 마지막 책(말1:1)
9. □□ 되어가는 형편(창25:8)
10. □□ 사람에게 닥쳐오는 모든 길흉(사65:11)

24

1. □□ 하나님을 송축하는 일(삼하18:28)
2. □□□ 양들의 떼(벧전5:2)
3. □□□□ 여러 당원이 모여 스데반과 변론을 하던 곳(행6:9)
4. □□ 방주를 만든 자(창6:9)
5. □□□□ 셈의 셋째 아들(창10:22)
6. □□ 바벨론 포로에서 귀환한 족장(스2:8)
7. □□□□ 소아시아의 일곱 교회 중 하나로 자주장사 루디아의 고향(계1:11)
8. □□□ 성경에 능숙한 자였으나 브리스길라와 아굴라에게 배운 자(행18:26)
9. □□ 바울의 마지막 전도여행의 종착지점(롬1:7)
10. □□□ 삼손의 아버지(삿13:13)

25

1. □□ 오순절에 받았던 여러 지방의 말들(행2:4)
2. □□ 말로써 약속함(창6:18)
3. □□ 장래의 일에 대하여 상대자와 서로 결정하여 둠(마20:2)
4. □□ 몸을 자유롭지 못하게 얽어 맴(욥36:13)
5. □□ 일정한 학술을 전공하여 얻은 가장 높은 학위(창41:8)
6. □□□ 사렙다의 옛 이름(눅4:26)
7. □□ 요한이 계시를 받아 소아시아의 일곱교회에 보낸 장소(계1:9)
8. □□□□ 에스더의 사촌 오라비(에2:7)
9. □□ 게으른 자가 보고 배워야 할 곤충(잠6:9)
10. □□ 어리석고 둔하여 터무니 없는 고집을 부리는 행동과 태도(삼상25:25)

26

1. □□ 양을 치는 사람(창13:7)

2. □□ 아들과 딸을 통털어서 일컫는 말(창3:16)

3. □□ 일정한 모양과 격식(출25:9)

4. □□ 사물의 선악정사를 판단하고 명령하는 의식 능력(행23:1)

5. □□ 사건을 헤아리고 살피어 판단함(막1:15)

6. □□ 상대의 여하를 의식작용으로 결정하는 일(창16:5)

7. □□ 얌전하고 조촐함(롬13:13)

8. □□ 마음이 바르고 곧음(창44:16)

9. □□ 직무상의 본분(출28:1)

10. □□ 썩은 흙(사5:25)

27

1. □□□ 하나님의 영원한 이름(출3:15–16)

2. □□□ 아하수에로 왕의 왕비였다가 폐위된 자(에1:9)

3. □□□ 바울이 믿음의 아들이라고 한 유니게의 아들(행16:1)

4. □□□□ 바울이 실라와 디모데와 함께 세 안식일동안 전도한 곳(행17:1–10)

5. □□□□ 마리아에게 수태를 예고한 천사(눅1:26–33)

6. □□□ 다윗의 형(대상27:18)

7. □□ 대를 이을 아들(창15:3)

8. □□ 넓은 모래 밭(레11:30)

9. □□□ 여호수아가 다섯 왕을 이곳까지 추적하여 굴에 숨어 있던 자들을 죽인 곳(수10:10–28)

10. □□ 골리앗을 죽인 자(삼상17:)

28

1. □□ 바라는 바(고전13:13)

2. □□ 적의 동태를 살피는 높은 대(창35:21)

3. □□□□ 크게 소리 내어 슬피 우는 것(삿21:2)

4. □□ 곡식을 저장하는 창고(마3:12)

5. □□ 간절히 권함(왕하4:8)

6. □□ 권력과 세력(삿8:7)

7. □□ 세무행정에 종사하는 관리(마5:46)

8. □□ 기브아인으로 잇대의 부친(삼하11:31)

9. □□ 저버리고 돌아섬(창14:4)

10. □□ 넓고 편편한 큰 돌(마16:18)

29

1. □□ 바라는 것들의 실상(히11:1)
2. □□ 사람의 발음기관에서 생기는 음향(창3:8)
3. □□ 정성스럽고 참되어 거짓이 없음(창24:27)
4. □□ 먹을 수 있는 초목의 열매(창2:16)
5. □□ 과실나무를 재배하는 농원(전2:5)
6. □□ 처음(렘17:12)
7. □□ 그 때의 형세(대상12:32)
8. □□ 사람이 살고 있는 온 누리(창5:24)
9. □□ 위 되는 벼슬자리(마23:6)
10. □□ 서쪽에 넘어가는 해(수10:26)

30

1. □□ 유대인들이 선생에게 쓰는 존칭(마23:7)
2. □□ 어떤 사물이나 관념을 빗대어 말함(히9:9)
3. □□ 임종 때에 자손들에게 부탁하는 말(대상23:27)
4. □□□ 법궤(민10:33)
5. □□ 간사한 술책(엡4:14)
6. □□ 음양 점술에 능통한 사람(창41:8)
7. □□ 손님을 접대하는 방(삼상9:22)
8. □□ 희망을 잃어버림(욥31:6)
9. □□ 터무니 없는 거짓말(렘16:19)
10. □□ 한탄하는 한숨(출2:23)

31

1. □□ 야곱과 레아의 셋째 아들(창29:34)
2. □□ 어루만져 괴로움을 잊게 함(창24:67)
3. □□□□ 엘리야가 이 나무 아래에서 쉼을 얻었다(왕상19:5)
4. □□□ 꽃이 없는 낙엽관목(창3:7)
5. □□ 홀어미(출22:22)
6. □□ 재산이 넉넉한 사람(출30:15)
7. □□ 남의 구속을 받지 않고 제 마음대로 함(고전10:29)
8. □□ 이스라엘의 다른 이름(왕상12:20)
9. □□□ 남을 대신 하여 말하는 사람(출7:1)
10. □□ 서거나 앉거나 누울 곳(창29:3)

32

1. □□□ 성령강림절(행2:1)
2. □□ 명절(출5:1)
3. □□ 술집에서 노래와 술과 몸을 파는 여자(레19:29)
4. □□□□ 에덴동산에 있었던 사람에게 생명을 주는 나무(창2:9)
5. □□ 아는 것이 없음(욥34:35)
6. □□□ 새로운 속령으로 된 지역(행16:12)
7. □□□ 하나님의 법궤를 모셔 두었던 가장 거룩한 곳(출26:33)
8. □□ 기랏여아림의 조상이며 갈렙의 아들(대상2:18)
9. □□ 브올의 아들로 선지자(민22:5)
10. □□ 욥의 친구 엘리후의 조상(욥32:2)

33

1. □□　남에게 선사로 주는 선물(창30:2)

2. □□□　물을 길어 놓고서 쓰는 큰 가마 또는 큰 물통(출30:18)

3. □□　수레나 쟁기를 끌기 위하여 말과 소의 목에 얹는 기구(창27:40)

4. □□□　아하수에로의 왕비로 죽으면 죽으리라고 한 자(에1:9)

5. □□□　로마의 변사(행24:1)

6. □□□　디모데의 외조모(딤후1:5)

7. □□□　초대교회의 일곱 집사중 하나로 돌에 맞아 순교한 자(행6:)

8. □□　넓고 편편한 큰 돌(마16:18)

9. □□　돌을 전문으로 다루는 사람(삼하5:11)

10. □□　얼굴이나 몸을 닦기 위해 길게 만든 헝겊(출34:33)

34

1. □□ 눈이 보이지 않는 사람(출4:11)

2. □□ 조심하라고 경계하며 타이름(출21:29)

3. □□□ 하나님께 바친 것이니 다른데 쓸 수 없다(마7:11)

4. □□ 배반하고 모의함(삼하15:12)

5. □□ 국가나 민족 또는 공공을 위한 큰 일(출1:13)

6. □□□ 사렙다의 옛 이름(눅4:26)

7. □□□ 우리아의 아내로 다윗의 부인이 된 자(삼하11:2)

8. □□□ 요셉 또는 유스도라고도 하는 자(행1:23-26)

9. □□□□ 귀신의 왕(눅11:19)

10. □□ 옳지 않음(출18:21)

35

1. □□ 엎드려 절함(창22:5)
2. □□□ 안에서 밖으로 흘려 내 보내는 물질(빌3:8)
3. □□□ 요나가 삼일 동안 있었던 곳(욘2:1)
4. □□ 기약할 때(창17:21)
5. □□ 별로 할 일이 없이 시간적인 여유를 가짐(신24:5)
6. □□ 한 집안의 친족(창46:8)
7. □□ 한 겨레 붙이의 우두머리(창36:15)
8. □□ 장군의 총칭(욥39:25)
9. □□ 직권으로써 맡아 다스림(민25:5)
10. □□□□ 여호와를 찬양하라(시135:3)

36

1. □□ 진주조개의 껍질이나 살 속에 생기는 일종의 구슬(민11:7)
2. □□ 물건의 임자(창18:12)
3. □□ 길을 인도함(창19:16)
4. □□□ 느헤미야를 반대하였던 산발랏과 함께 한 자(느2:10)
5. □□ 가나안 하솔 왕(수11:1-15)
6. □□ 가난한 백성(욥29:12)
7. □□ 백성들이 일으킨 소요(마26:5)
8. □□□ 예수께서 세례를 받으신 강(마3:13)
9. □□ 강의나 설교를 하는 높은 단(느8:4)
10. □□ 짧은 창(수8:18)

37

1. □□ 남에게 선사로 주는 선물(빌4:7)
2. □□□ 물매로 때리는 사람(왕하3:25)
3. □□ 군인의 다른말(창14:10)
4. □□□□ 갈릴리 지방과 유대 지방 사이에 있는 지역(요4:4)
5. □□ 우아한 노래(아1:1)
6. □□ 가족이 사는 곳(창39:4)
7. □□ 마음이 바르고 곧음(창44:16)
8. □□ 다메섹의 한 거리로 아나니아가 이곳에서 사울에게 안수했다(행9:10-12)
9. □□□ 안나스의 사위요 예수를 대적한 대제사장(마26:66)
10. □□□□ 소경으로 디매오의 아들(막10:45;52)

38

1. □□□□ 예수는 무엇이요 우리는 양이라 했나(요10:14)
2. □□ 사랑하고 불쌍히 여김(출27:27)
3. □□ 어떤 사물이나 개념을 빗대어 말함(히9:9)
4. □□□ 이스라엘이 출애굽을 기념하기 위하여 지키는 절기(출12:11)
5. □□ 물건을 몰래 훔침(요10:1)
6. □□□ 소나 돼지 같은 것을 도살하는 곳(사34:7)
7. □□ 군사를 거느리는 우두머리(대상13:1)
8. □□□ 성전 수복절(요10:22)
9. □□ 견줄만한 것이 없음(단8:4)
10. □□□□ 제사 맡은 일의 직분을 가진 자 중 우두머리(민35:25)

39

1. □□ 하나님께 비는 일(살전5:17)
2. □□ 지방관이 임소에 이름(행25:1)
3. □□□□ 하나님이 우리와 함께 계시다(마1:23)
4. □□□ 엘리야의 제자이며 동반자(눅4:27)
5. □□ 보내심을 받은 자로 예수의 열 두 제자를 일컫는 말(마10:2)
6. □□□ 사람을 죽인 자가 피하도록 만든 성(민35:6)
7. □□ 하나님의 말씀(딤후3:16)
8. □□ 하나님을 높이고 하나님께 마음을 바침(딤전2:2)
9. □□ 속죄제와 함께 속죄적 의미를 가진 것(레5:14-19)
10. □□ 제사 때 드리는 예물(창4:3)

40

1. □□ 관악기의 총칭(민10:8)
2. □□□ 팔의 위아래가 붙은 곳의 바깥쪽(겔40:5)
3. □□ 여자의 아랫도리의 겉옷(창3:7)
4. □□□ 마리아의 자매요 나사로의 누이(요12:2)
5. □□ 압살롬의 딸로 유다가 동침하여 베레스와 세라를 낳은 자와 동명인 자(삼하14:27)
6. □□□ 구약성경의 맨 마지막 책(말1:1)
7. □□□ 기이하고 묘한 사람(사9:6)
8. □□ 스스로가 자기 일을 거만하게 자랑함(렘48:26)
9. □□ 오랜 세상(눅1:48)
10. □□□ 올이 고운 삼베(창41:42)

41

1. □□ 예수님의 제자로 시몬이었던 자(마16:16)
2. □□□□ 엘리야가 이 나무 아래에서 쉼(왕상19:5)
3. □□ 일정한 때가 없음(레16:2)
4. □□ 때와 날(호2:13)
5. □□□□ 해달별(신17:3)
6. □□ 믿음성이 있고 꾸밈이 없음(레6:2)
7. □□ 과일의 열매(창2:16)
8. □□ 홀어미(행6:1)
9. □□ 남의 아내(창24:36)
10. □□ 사람(신32:26)

42

1. □□□ 생명을 유지하는데 꼭 필요한 물(계7:17)
2. □□□ 그리스도를 섬긴 부인(눅8:3)
3. □□□ 룻의 시어머니(룻1:1)
4. □□ 므비보셋의 한 아들(삼하9:12)
5. □□□□ 엘리사벳에게 수태를 예고한 천사(눅1:26-33)
6. □□□ 불병거와 불 말을 타고 승천한 선지자(왕하2:1-11)
7. □□□ 요한의 형제로 예수의 제자(마10:3)
8. □□□ 애굽 왕의 시위대장으로 요셉을 부렸던 자(창37:36)
9. □□ 물의 근원(창2:10)
10. □□ 자기 또는 나라에 해를 끼친 사람(창3:15)

43

1. □□ 구약시대에 선지자직, 제사장직, 왕직을 겸하였던 사람(민25:5)

2. □□□□ 유대교 당파 중의 하나이며 지도적 계급에 속한 자(막12:18)

3. □□ 어질고 남을 사랑하는 마음(창47:29)

4. □□ 슬픈 마음을 읊조린 노래(대하35:25)

5. □□□□ 여호수아가 스불론지파에게 준 성읍(수19:13)

6. □□□ 느부갓네살의 아들(단5:11)

7. □□□ 그레데 섬 동편 해안(행27:7)

8. □□□ 무력을 가지고 강포하여 죄를 많이 지은 사람들(창6:1-4)

9. □□□□ 광야에 있던 한 유숙지(민33:19-20)

10. □□□ 요아스를 보필한 제사장 여호야다의 아들 선지자(대하24:20)

44

1. □□ 임금이 정복에 갖추는 관(빌4:1)

2. □□ 관제에 쓰는 기름(출25:6)

3. □□ 바사바라고도 하는 사람(행1:23)

4. □□ 요셉의 형들이 양을 치던 곳(창37:17-36)

5. □□ 경계를 단단히 하여 다 잡음(출21:29)

6. □□ 속죄의 제사를 드리는 곳(출25:17-22)

7. □□ 다시 살아남(창45:27)

8. □□ 하나님께서 가지고 계시는 모든 인간의 행위를 기록한 책(계3:5)

9. □□ 허물을 꾸짖는 사람(겔3:26)

10. □□ 스스로 죄를 고백함(겔12:16)

45

1. □□ 언약궤(레16:2)
2. □□ 간사로운 꾀(민25:18)
3. □□ 감추인 것을 드러냄(계1:1)
4. □□□ 야곱과 레아의 둘째 아들(창29:33)
5. □□ 온화하고 부드러움(마11:29)
6. □□ 성질이 부드럽고 온순함(신18:54)
7. □□□ 빌립보 교회의 여신도(빌4:2)
8. □□ 예수께서 제자 시몬에게 준 이름(요1:42)
9. □□ 애굽의 군주에게 붙인 존칭(행7:10)
10. □□□□ 호세아가 부정한 아내에게서 난 딸 이름(호1:6)

46

1. □□ 자기 뜻하는 대로 함(사16:1)
2. □□□ 창가에 걸터 앉았다가 떨어져 죽었다가 산 자(행20:9)
3. □□ 호세아의 부인으로 디블라임의 딸 (호1:3)
4. □□□ 바울이 불을 쪼일 때 독사가 나와 문 성(행28:2–6)
5. □□□□ 갈릴리 호수 부근의 성읍(마4:25)
6. □□□ 이삭의 아내(창24:10)
7. □□ 아담의 첫째아들(창4:1)
8. □□ 일정한 지역 안에 사는 사람의 수효(삼하24:1)
9. □□□ 예수님 대신 십자가를 졌던 시몬의 고향(막15:21)
10. □□□ 팔레스틴의 원주민으로 아낙의 아들(창6:1–4)

47

1. □□□　사울의 아들로 다윗의 친구(삼상18:1–4)
2. □□　때에 맞게 내리는 비와 같다(신32:2)
3. □□□　평화를 상징하는 새(창8:8)
4. □□　때를 정하고 약속함(시75:2)
5. □□　조건을 붙여 약속함(수9:6)
6. □□□　천지를 만들고 주관하는 하나님(롬1:25)
7. □□□　국가의 주권을 가진 사람(대상29:11)
8. □□　스스로 넉넉하게 느낌(빌4:11)
9. □□　한 겨레붙이의 우두머리(창36:15)
10. □□　천막(창4:20)

48

1. □□ 거룩한 무리(신33:2)
2. □□ 의심 많던 제자(요20:24)
3. □□ 예수님의 제자 중 세리(마10:3)
4. □□ 눈부시게 빛이고 만물을 육성하여 희망을 주는 것(레26:30)
5. □□ 먹고사는 곡식(창14:11)
6. □□ 여러 가지 음식을 먹는 일(룻2:14)
7. □□□ 사렙다의 옛 이름(옵1:20)
8. □□ 세례요한이 계시를 받은 섬(계1:9)
9. □□□□ 에스더의 사촌 오라비(에2:7)
10. □□ 거친 땅을 일구워 논밭을 만듦(수17:15)

49

1. □□ 바라는 것들의 실상(히11:1)
2. □□ 음을 일정한 방법에 의하여 조화 결합시키는 예술(대하34:12)
3. □□ 두 사람이 손을 마주잡아 흔듬(애5:6)
4. □□ 나무가 무성한곳(창13:18)
5. □□ 바람을 내어 불을 일으키는 기구(창15:17)
6. □□ 아는 것이 없음(욥38:2)
7. □□ 참담한 고통을 받는 장소(마5:22)
8. □□ 옥으로 만든 뚜껑 있는 작은 그릇(마26:7)
9. □□□ 남자의 양기를 돋우며 여자의 임신을 돕는다는 약(창30:14)
10. □□□ 여러 가지 색깔로 꾸며진 아름다운 옷(창37:3)

50

1. □□ 빛나는 영예(창49:6)
2. □□ 밝은 빛(창1:14)
3. □□ 재주 있고 사리에 밝음(잠3:5)
4. □□□ 쇠로 만든 군사들을 싣는 수레(수17:16)
5. □□□ 여섯 줄이 있는 현악기(왕하3:15)
6. □□ 자기가 태어나고 자라난 고장(창24:4)
7. □□ 향기 나는 기름(마26:7)
8. □□ 바사바의 별명(행1:23)
9. □□ 길(신19:3)
10. □□□ 엘리야가 이 나무아래에서 쉼을 얻었다(왕상19:5)

51

1. □□ 온화하고 태평함(삿4:17)
2. □□ 화합하고 고요함(레26:6)
3. □□ 서로 뜻이 맞고 정다움(욥22:21)
4. □□ 신자를 가르치고 교회를 다스리는 교역자(엡4:11)
5. □□ 이스라엘의 초대 왕(삼상9:16-17)
6. □□ 분한 마음이 가슴에 가득히 쌓여 있음(잠22:24)
7. □□ 썩은 흙(사5:25)
8. □□ 금품을 억지로 달라고 조름(눅19:8)
9. □□ 남녀간 성에 대한 욕심(살전4:5)
10. □□ 탐내는 마음(민15:39)

52

1. □□□ 구약의 맨 처음 책(창1:1)
2. □□ 이해하기 어려운 초자연적 사건(출7:9)
3. □□ 적국의 병사(대하13:14)
4. □□ 군사가 타는 수레(창50:9)
5. □□ 잘난 체하고 으시 댐(시73:8)
6. □□ 영원한 세월(눅1:48)
7. □□ 사람이 살고 있는 온 누리(창5:24)
8. □□ 상으로 주는 것(창15:1)
9. □□ 갑자기(잠25:8)
10. □□□ 다시남(요3:3)

53

1. □□□　죄에서 건짐 받음(롬5:9)
2. □□　모난데가 없이 둥글둥글하고 복스러움(잠4:18)
3. □□　마음에 흡족함(삿17:11)
4. □□　가족의 어른(창36:15)
5. □□　장수의 다른 말(욥39:25)
6. □□　마음에 두고 잊지 못함(사5:12)
7. □□　사건을 헤아리고 살피어 판단함(창18:25)
8. □□　분명하게 드러남(신19:18)
9. □□　관계자의 성명을 기록한 책(딤전5:9)
10. □□□　재물이 넉넉함(레25:26)

54

1. □□ 바라는 것들의 실상(히11:1)
2. □□ 음을 일정한 방법에 의하여 조화 결합시키어 미감을 일으키는 예술(대하34:12)
3. □□ 몹시 그릇된 행실(레18:17)
4. □□ 좋은 운수(신10:13)
5. □□ 기쁜소식(마4:23)
6. □□ 사람의 발음기관에서 생기는 음향(창3:8)
7. □□ 하나님의 말씀(딤후3:16)
8. □□ 정성스레 공경하는 마음을 일컫는 말(딤전2:2)
9. □□ 과실, 허물(대하33:19)
10. □□ 과일 실과(레19:24)

55

1. □□□□ 여호와를 찬양하라
2. □□ 노아의 둘째 아들(창5:32)
3. □□□ 예수께서 나귀새끼를 타시고 예루살렘으로 입성 하신 곳(막11:1)
4. □□□ 엘리사의 종(왕하4:14)
5. □□□ 임금을 호위하던 군대의 장(창37:36)
6. □□ 장애가 되는 물건(레19:14)
7. □□ 다윗이 골리앗을 죽일 때 사용한 기구(삼상17:49)
8. □□ 날마다(히10:11)
9. □□□ 살아있는 한평생(왕상11:25)
10. □□ 전쟁이 없이 세상이 잘 다스려짐(레26:6)

56

1. □□ 자신의 마음을 통제하는 것(딛2:2)

2. □□□ 아론의 자손으로 백성을 축복하고 제사를 드리는 사람(출29:9)

3. □□ 책망할 것이 없고 병든 자를 돌보는 교회 직분 자(딛5:1-14)

4. □□□ 고벨이 낳은 둘째 딸로 내 백성이 아니다는 뜻을 가진 자(호1:9)

5. □□□ 모세 장인 이드로가 살던 지역(출3:1)

6. □□□ 바울과 바나바를 선발하여 최초 선교사로 보낸 지역(행13:1-4) 7. □□ 농작물이 잘 자랄 수 있는 영양분이 풍부한 좋은 땅(신8:10)

8. □□□□ 진흙으로 그릇을 만드는 사람(롬9:21)

9. □□ 두 사람 사이에 하리를 놓아 서로 멀어지게 함(잠16:28)

10. □□□ 빌립이 전도한 국고를 맡은 에디오피아 사람의 구스여왕(행8:27)

57

1. □□ 범사에 할 일(살전5:18)
2. □□□□ 영과 천사와 부활이 없다고 믿는 무리(행4:1)
3. □□ 안식일의 주인(마12:8)
4. □□ 남을 깊이 사랑하고 가엾게 여김(눅6:36)
5. □□ 어떤 현상이나 사물을 직접 설명하지 아니하고 빗대어서 설명하는 일(막4:13)
6. □□ 야곱의 넷째 아들(창29:35)
7. □□ 유다의 자부(창38:11)
8. □□□ 구약성경의 맨 끝 책
9. □□ 쉬지 말고 할 일(살전5:16)
10. □□ 의심 많은 제자(요20:28)

58

1. □□ 하나님이 주신 선물(고전12:4)
2. □□□ 미스바에서 기도를 인도하던 선지자(삼상10:17)
3. □□□ 회오리 바람으로 하늘에 올라간 자(왕하2:1)
4. □□□ 요한의 형제(행12:2)
5. □□□ 우레의 아들 이라는 뜻(막3:17)
6. □□ 예수께서 베드로에게 붙여준 별명(요1:42)
7. □□ 다메섹 도상에서 사울이었던 자의 바뀐 이름(행13:9)
8. □□□ 풀이나 나무 따위를 얽거나 엮어서 담 대신에 경계를 지어 막는 물건.(욥1:10)
9. □□ 디모데에게 문안한 로마의 신자(딤후4:21)
10. □□ 방주를 만든 사람(창6:13-22)

59

1. □□　그리스도가 값 주고 사심(행20:28)
2. □□　많이 모여 있는 사람들.(대하6:3)
3. □□　두 사람 사이에서 일이 성사되도록 주선함(딤전2:5)
4. □□□　하나님이 보내실 성령으로 가르치고 생각나게 하는 자(요14:26)
5. □□　삼손이 죽인 것으로 벌떼와 꿀이 있던 것(삿14:8)
6. □□　구속이나 무엇에 얽매이지 아니하고 자기 마음대로 할 수 있는 상태.(요8:36)
7. □□□　출애굽을 기념하여 드린 절기(왕하23:21)
8. □□　매년 세 번 지킬 일(출23:14)
9. □□□　히위족속의 성읍(수9:3)
10. □□　성격, 태도 따위가 온화하고 부드러움(마5:5)

60

1. □□□ 야곱의 아홉 번째 아들(창30:17)

2. □□□ 이스라엘 북부에 해당하는 지역. 중심 도시는 나사렛(눅4:44)

3. □□□ 사울 왕의 아들 중 하나(삼상14:49)

4. □□ 따뜻한 말이나 행동으로 괴로움을 덜어 주거나 슬픔을 달래 줌.(사40:1)

5. □□□ 유니게의 모친으로 디모데의 외조모(딤후1:5)

6. □□□□ 바울의 아가야의 첫 열매(고전1:16)

7. □□□ 요단강에서 목욕하여 나병을 나은 자(왕하5:14)

8. □□ 바람이나 경축, 환호 따위를 나타내기 위하여 두 손을 높이 들면서 외치는 소리(삼하16:16)

9. □□□ 삼 껍질에서 뽑아낸 가는 실로 곱게 짠 베(계19:14)

10. □□□ 포도를 재배하는 밭(눅20:15)

61

1. □□ 광야생활과 유목 민족의 이동식 텐트(창12:8)
2. □□□□□□□ 야고보와 요셉의 어머니 마리아와 세배데의 아들들의 어머니와 함께 있던 자(마27:56)
3. □□□□ 다윗이 학깃에게서 난 아들로 넷째아들(삼하3:4)
4. □□ 아담의 둘째 아들로 양을 치던 자(창4:2)
5. □□□□ 다니엘의 바벨론식 이름(단1:7)
6. □□□ 예수님을 따르던 여인들 중 한 사람(막15:40-41)
7. □□ 다니엘의 친구 중 한 사람의 바벨론식 이름(단1:7)
8. □□□ 부자 세리장으로 돌무화과 나무에 오른 자(눅19:2)
9. □□□ 나오미의 며느리로 모압여인(룻1:4)
10. □□□ 가룟유다 대신 자리를 채우기 위해 천거 된자로 유스도라 하는 요셉(행15:22)

62

1. □□□□ 하나님이 우리와 함께 계시다 함이라(마1:23)
2. □□□□ 세례요한의 어머니, 제사장 사가랴의 아내(눅1:5)
3. □□□ 베드로, 안드레 야고보의 고향 마을(막6:45)
4. □□□ 백성이 원망할 때 불이 나온 곳(민11:3)
5. □□ 리브가의 오라버니(창24:15)
6. □□ 넓고 평평한 큰 돌(마7:24)
7. □□□□ 사울이 기브아 변두리 미그론에 있는 나무(삼상14:2)
8. □□□ 누룩을 넣지 않고 만든 빵(신16:3)
9. □□ 전쟁할 때 쓰는 수레(왕상7:35)
10. □□□ 잠시 머무르는 사람들(레19:33)

63

1. □□□□ 여호와께서 여기까지 우리를 도우셨다(삼상7:12)
2. □□ 셈의 후손으로 아르박삿의 아들(창10:24)
3. □□ 여호수아의 정탐꾼을 숨겨준 기생(수2:1-24)
4. □□ 어떤 기준, 조건, 용도, 도리 따위에 꼭 알맞다(마3:8)
5. □□ 주의, 주장, 이해를 같이하는 사람들이 뭉쳐 이룬 단체나 모임(행5:17)
6. □□ 곡식이나 채소 따위를 키우기 위하여 논밭에 씨를 뿌림(사28:24)
7. □□ 계속된 일이나 현상의 맨 끝(시39:4)
8. □□ 세상의 끝(딤후3:1)
9. □□ 뒤를 이음(시25:13)
10. □□ 지은 죄를 물건이나 다른 공로 따위로 비겨 없앰(레7:7)

64

1. □□ '나의 기' 라는 뜻(출17:15)

2. □□ 이스라엘과 요르단 사이의 예루살렘에 있는 언덕(시87:5)

3. □□ 성격, 태도 따위가 온화하고 부드러움(시25:9)

4. □□ 남의 아이에게 그 어머니 대신 젖을 먹여 주는 여자(창35:8)

5. □□ 유다 자손 갈렙의 아들(대상2:46)

6. □□ 복음을 널리 전하려고 특별히 뽑은 제자(행6:6)

7. □□ 남을 돕는 일(시212:2)

8. □□ 땅을 파고 위에 거적 따위를 얹고 흙을 덮어 추위나 비바람만 가릴 정도로 임시로 지은 집(잠21:9)

9. □□□ 가늘고 기다란 물건의 토막(사30:31)

10. □□ 욕구가 충족되었을 때의 흐뭇하고 흡족한 마음이나 느낌(시100:2)

65

1. □□ 맨 처음 사람(창2:20)
2. □□ 겁이 없고 배짱이 두둑함(삼하10:12)
3. □□□ 대신하여 말하는 자(출7:1)
4. □□ 자식과 손자를 아울러 이르는 말(대상26:23)
5. □□ 아들의 아들(잠17:6)
6. □□ 같은 말을 잇따라 자주하는 것(시103:9)
7. □□□ 물품 따위를 넣어 허리에 차거나 들고 다니도록 만든 물건(잠16:11)
8. □□□□ 밤에 예수님을 찾아온 공회 의원(요3:1-12)
9. □□ 물에서 건져냈다는 이름의 뜻(출2:10)
10. □□ 죄악을 씻는 표시로 베푸는 의식(막1:4)

66

1. □□　　맨 처음 여자(창4:1)

2. □□□　바사왕 아하수에로의 왕비(에1:9)

3. □□□　외조모 로이스와 어머니 유니게의 아들(딤후1:5)

4. □□□□ 갈릴리 동편에 있는 열 성읍(마4:25)

5. □□□　이삭의 아내(창24:67)

6. □□□□ 바리새인으로 유명한 교법사(행5:34)

7. □□□□ 아론의 셋째 아들, 비스하스의 아버지(출6:25)

8. □□□　구브로 섬에 있는 성읍(행13:5)

9. □□　　요나단의 손자로 므비보셋의 아들(삼하9:12)

10. □□□□□□□　베드로가 신앙고백한 곳(마16:13)

67

1. □□　방주를 지은 자(창6:13-22)
2. □□　유다 지파 갈미의 아들(수7:1)
3. □□□　에디오피아 여왕(행8:27-39)
4. □□　예수께서 베드로에게 붙여준 이름(요1:42)
5. □□□　총독 서기오 바울과 함께 있던 거짓 선지자(행13:6)
6. □□□　바울이 이곳과 길리기아로 다니며 교회를 견고케 한 곳(행15:41)
7. □□□□　초대교회 교인으로 성령을 속여 죽은 자(행5:1-6)
8. □□□□　믿음의 조상(창12:1)
9. □□　레갑족속의 조상(대상2:55)
10. □□□　가룟유다 대신 제비 뽑힌 사도(행1:15-26)

68

1. □□ 베드로에게 반석위에 세우시겠다고 한 것(마16:18)
2. □□ 잘못을 뉘우치고 고침(마3:2)
3. □□ 잘못된 것이나 부족한 것, 나쁜 것 따위를 고쳐 더 좋게 만듦(행24:3)
4. □□□ 어떤 일이 일어나기 전에 미리 앞을 내다보고 아는 사람(대상29:29)
5. □□□ 자줏빛의 수정(출28:19)
6. □□□ 육체나 물질에 대립되는 영혼이나 마음(고후5:13)
7. □□ 결혼하는 여자(아4:12)
8. □□ 어버이(엡6:1)
9. □□ 사사 에훗에게 죽임을 당함(삿3:12-30)
10. □□ 이스라엘의 사사로 비라돈 사람(삿12:13)

69

1. □□ 겨루어서 이김(고전15:55)
2. □□ 디모데에게 문안한 로마 신자(딤후4:12)
3. □□ 베냐민의 네 번째 아들(대상8:2)
4. □□□ 천지를 창조 하신 분(창1:1)
5. □□ 예후의 조부(왕하9:2)
6. □□ 이곳 광야를 떠나 기브롯핫다아와에 진을 침(민33:16)
7. □□ 거세된 남자(행8:27)
8. □□□ 야곱이 레아에게 낳은 아들(창29:33)
9. □□ 잘못된 것이 없이 바르거나 옳다(마5:48)
10. □□ 국가와 국가 사이에 무력을 사용하여 싸움(욥5:20)

70

1. □□ 범사에 할 일(살전 5:18)

2. □□□ 엘리야가 시돈 땅에 있는 과부에게 머문 곳(눅4:26)

3. □□□ 요나가 니느웨로 가지 않고 도망한 곳(욘1:3)

4. □□□□ 다윗의 자손 브다야의 아들(대상3:19)

5. □□□ 유대 총독(행23:24)

6. □□□ 시므온 자손 시므리의 아비(대상4:37)

7. □□□ 가버나움의 회당장(막5:21)

8. □□ 베드로가 옥에서 나왔을 때 뛰어 들어가 알린 자(행12:12)

9. □□□□ 갈릴리 동편에 있는 성읍(막5:20)

10. □□ 다윗의 용사 30인 중 한 사람인 잇대의 아비(삼하23:29)

71

1. □□□□ 예수님께서 태어나신 곳(마2:8)
2. □□ 호리족속 세일의 자손의 장자(창36:26)
3. □□ 얼굴, 머리, 옷차림 따위를 곱게 꾸밈(벧전3:3)
4. □□ 아내의 어머니(마8:14)
5. □□ 모양이 같은 물건을 만들기 위한 틀(행19:24)
6. □□ 형과 아우를 아울러 이르는 말(벧후1:7)
7. □□ 예수의 가르침을 받아 그의 뒤를 따르는 사람(요6:8)
8. □□ 얽매이지 아니하고 자기 마음대로 할 수 있는 상태(요8:36)
9. □□ 라멕의 아들로 수금과 퉁소 부는 자의 조상(창4:19)
10. □□ 나귀에게 책망을 받고 여호와의 사자를 본 자(민22:28-33)

72

1. □□ 하나님의 부르시는 영(히1:14)
2. □□ 보내심을 받았다는 뜻(행6:6)
3. □□□ 그릇 살인 한 자를 위하여 마련된 피난처(미35:11)
4. □□ 거룩한 모임(출12:16)
5. □□ 원래의 상태로 돌이키거나 원래의 상태를 되찾음(시39:13)
6. □□ 복된 소리(고전9:14)
7. □□ 먹는 양식(잠23:3)
8. □□ 먹는 일(막3:20)
9. □□ 사람을 부리어 일을 시킴(행6:4)
10. □□ 방주에 안팎으로 칠한 것(창6:14)

73

1. □□ 공경하며 삼가고 엄숙하다(딤후3:5)

2. □□ 구조물을 그 목적에 따라 설계하여 세우거나 쌓아 만드는 일.(느4:18)

3. □□ 행복을 빎(롬12:14)

4. □□ 복된소식(고전9:14)

5. □□ 나쁜 목적으로 몰래 흉악한 일을 꾸밈(시21:11)

6. □□ 말이나 행동으로 더럽혀 욕되게 함 (마12:31)

7. □□□ 새 중에서 왕(시103:5)

8. □□□ 아셀 자손으로 울라의 아들이며 족장(대상7:39)

9. □□□□ 베스도를 축하하려 가이사랴에 갔다가 바울을 심문한 자(행25:13)

10. □□□ 총독 서기오 바울과 함께 했던 거짓 선지(행13:6)

74

1. □□ 순순히 따름(엡6:1)
2. □□ 끝(시39:4)
3. □□□ 구약의 마지막 책 이름
4. □□ 사물이나 일 따위의 기본이 되는 토대(잠10:25)
5. □□□ 히브리인의 3대 절기중 하나(신16:16)
6. □□ 정도에 넘지 아니하도록 알맞게 조절하여 제한함(벧후1:6)
7. □□ 예수님을 따르던 열두 명(눅8:9)
8. □□ 몸을 움직이거나 가누는 모양(벧전5:3)
9. □□□ 요한과 야고보의 아버지(마4:21)
10. □□ 마땅한 예로써 대함(눅6:31)

75

1. □□ 식물이 수정한 후 씨방이 자라서 생기는 것(눅6:43)
2. □□ 상대편의 동태를 살피려고 일정한 곳에 몰래 숨어 있음(수 8:9)
3. □□ 남의 명령이나 의사를 그대로 따라서 좇음(엡5:21)
4. □□□□ 호산나를 부르며 흔든 나무(요12:13)
5. □□ 말리의 아버지요 므라리의 아들(대상6:47)
6. □□ 어떤 일이나 행동의 처음 단계(마24:8)
7. □□□□ 전쟁 때에 적의 도구를 막는 데에 쓰는 작은 무기(렘46:3)
8. □□ 전쟁에서 짐(삼상31:3)
9. □□ 복음을 전하는 일(눅4:44)
10. □□□ 욥바에 다비다라는 여제자의 번역 이름(행9:36)

76

1. □□ 총명하고 사리에 밝다(잠18:15)

2. □□ 근본 원리와 삶의 본질 따위를 연구하는 학문(골2:8)

3. □□ 어떤 분야를 체계적으로 배워서 익힘(단1:4)

4. □□□ 문짝을 끼워 달기 위하여 문의 양쪽에 세운 기둥(잠8:34)

5. □□ 머뭇거리며 망설임(행22:16)

6. □□ 물건의 무게를 다는 데 쓰는 기구를 통틀어 이르는 말(잠16:11)

7. □□ 우는 것(시6:8)

8. □□ 목소리나 악기를 통하여 감정을 나타내는 예술(겔33:32)

9. □□ 음악을 연주하는 데 쓰는 기구를 통틀어 이르는 말(암6:5)

10. □□ 사울 왕의 아버지(삼상9:1-3)

77

1. □□ 하나님의 말씀(딤후3:16)
2. □□ 정신을 차려 그릇된 행동을 하지 않도록 타일러 깨우침(히13:17)
3. □□ 성전의 다른 말(시20:2)
4. □□ 소형의 북(시150:4)
5. □□□ 회당장 그리스보가 온 집안과 더불어 주를 믿은 지역(행18:8)
6. □□□ 바벨론에서 귀환한 족속의 한 족장(스2:60)
7. □□□ 세베대의 아들로 요한의 형제(마4:21)
8. □□□□ 예수께서 요한과 야고보에 준 별명(막3:17)
9. □□□ 엘리사의 사환(왕하5:25)
10. □□ 베드로의 다른 이름(마4:18)

78

1. □□ 사람이 살아서 숨 쉬고 활동할 수 있게 하는 힘(요1:4)

2. □□ 세상에 널리 퍼져 평판 높은 이름(대상14:17)

3. □□ 장막으로 만든 성전(민9:15)

4. □□□ 사라와 아브라함, 리브가, 레아 야곱이 매장된 곳(창49:23)

5. □□ 라반의 둘째 딸로 야곱의 아내(창29:28-30)

6. □□ 십자가 패에 쓰여 진 히브리와 로마 또 다른 말(요19:20)

7. □□□□□ 소아시아 일곱 교회 중 브루기아의 수도(계1:11)

8. □□□ 솔로몬이 쓴 사랑의 노래로 된 성경

9. □□□ 죽도록 충성하라는 권면을 받은 곳(계2:8)

10. □□ 다윗과 솔로몬 시대의 선지자(대상29:29)

79

1. □□ 지위나 신분이 높고 귀함(시49:20)

2. □□ 가문이나 신분 따위가 좋아 특권을 가진 계층(단5:1)

3. □□ 가문의 계통과 혈통 관계를 적어 기록한 책(창36:1)

4. □□□ 다윗의 증조부(마1:5)

5. □□□ 르우벤 자손 요엘의 아들(대상5:4)

6. □□□ 유다인으로 기도하여 응답 받은 자(대상4:9)

7. □□ 하나님을 섬기는 여섯 날개 가진 천사(사6:1)

8. □□□ 앗수르왕 산헤립의 3 장군 중 한 사람(사36:2)

9. □□□ 모세의 아들(출2:21)

10. □□ 손을 놀려 무엇을 만들거나 어떤 일을 하는 재주(욥27:11)

80

1. □□　어떤 일에 온 정성을 다하여 골똘하게 힘씀(빌3:6)
2. □□　잘잘못을 가려 결정을 내리는 일(요16:11)
3. □□　시비나 선악을 판단하여 결정함(민35:29)
4. □□　식물이 열매를 맺거나 맺은 열매가 여묾(마13:26)
5. □□□　소경이 진흙을 이겨 내 눈에 바르고 찾아간 곳(요9:11)
6. □□□□　마게도냐의 빌립보와 데살로니가 중간에 있는 성(행17:11)
7. □□□　오순절에 나타난 방언 중 하나(행2:10)
8. □□　갓 자손 아비하일의 아들(대상5:13)
9. □□　두로와 통상한 성읍 중 하나(겔27:23)
10. □□□□　마게도냐의 빌립보 항구(행16:11)

81

1. □□□□ 예수님의 수태를 알린 천사(눅1:26)
2. □□□□ 다윗의 아들(삼하5:16)
3. □□ 신약성경의 두 번째 책
4. □□ 아담의 첫 아들(창4:2)
5. □□ 밤낮 사흘 동안 땅 속에 있으리라 말한 예수님을 나타내는 말(마12:40)
6. □□ 남을 깊이 사랑하고 가엾게 여김(눅6:36)
7. □□ 빗대어서 설명하는 이야기(마13:34)
8. □□□ 삼층에서 졸다 떨어져 죽었다 살아난 드로아의 청년(행20:7)
9. □□ 이 여자는 호세아의 아내(호1:3)
10. □□□□ 살렘 왕(창14:18)

82

1. □□ 아브라함의 아들(창21:3)

2. □□□ 여리고 사람으로 세리장(눅19:2)

3. □□□□ 빌레몬의 종(몬1:10)

4. □□□ 아브라함이 이삭을 제사 하려던 곳(창22:1-12)

5. □□□□ 다니엘의 세 친구 중 하나(단1:6)

6. □□□ 바치는 것을 가장하여 부모부양의 책임을 회피함(막7:11)

7. □□ 배반함(왕하14:19)

8. □□ 모세를 위하여 갈대 상자에 나무진과 함께 칠한 것(출2:3)

9. □□□ 잡일을 맡아보거나 시중을 들던 사람(벧전4:10)

10. □□ 상식으로는 생각할 수 없는 기이한 일(시107:8)

83

1. □□□□ 하나님이 우리와 함께 하시다(마1:23)
2. □□□ 사무엘의 부친(삼상1:1)
3. □□□ 오르바와 룻의 시어머니(룻1:3-4)
4. □□ 모레셋지방의 선지자(미1:1)
5. □□ 가족이 생활하는 집(갈6:10)
6. □□ 거짓이나 꾸밈이 없이 바르고 곧음(시15:2)
7. □□ 다메섹에 있는 곳으로 사울이 삼일동안 머문 곳(행9:11)
8. □□□ 함의 아들로 가나인의 조상인 된 자(창10:6)
9. □□□ 시몬 베드로의 형제로 예수님의 제자(요6:8)
10. □□ 야곱의 세 번째 아들(창29:34)

84

1. □□□ 예수께서 입성하실 때 군중들이 외친 소리(마21:9)
2. □□ 끝이 나팔꽃 모양으로 된 금관 악기(계8:6)
3. □□□ 팔에 끼우는 장식물(민31:50)
4. □□□ 아야의 딸로 사울 왕의 첩(삼하3:7)
5. □□□ 유월절 특사로 예수님 대신 풀려난 자(마27:16-26)
6. □□□ 자기의 소유를 팔아 교회에 바친 자(행4:37)
7. □□ 모세와 아론이 이 사람에게 내 백성을 보내라 전했나(출5:1)
8. □□□□ 호세아 선지자 딸에게 준 이름(호1:6)
9. □□ 세리로 신약성경의 처음을 쓴 제자
10. □□ 맨 처음을 달느 말로(창1:1)

85

1. □□□□ 여호와의 종 모세가 죽은 후 지도자가 된 자(수1:1)

2. □□ 아간을 돌로 쳐 죽인 곳(수7:24-26)

3. □□□ 예수께서 십자가에 달려 죽으신 곳(마27:33-35)

4. □□□ 아하수에르의 아들(단9:1)

5. □□□□ 브사렐과 성박과 그 기구를 만든 사람(민16:1)

6. □□ 권력이나 폭력으로 남을 꼼짝 못 하게 강제로 누름(시9:9)

7. □□□ 레위 자손중에서 하나님께 제사를 지내는 것을 맡아 관장하는 자(출31:10)

8. □□□ 애굽의 다섯 성읍 중 하나(사19:18)

9. □□ 하나님의 말씀(딤후3:16)

10. □□ 공경하며 삼가고 엄숙하다(딤후3:5)

86

1. □□ 자기 백성을 그들의 죄에서 구원 할 자(마1:21)
2. □□ 힘을 들이고 애를 씀(전1:3)
3. □□ 마음속으로 괴로워하고 애를 태움(막14:34)
4. □□□ 모세 오경 중의 하나
5. □□ 풍류로 흥을 돋우는 것을 직업으로 하는 여자(삿16:1)
6. □□ 살아서 숨 쉬고 활동할 수 있게 하는 힘(요1:4)
7. □□ 훌륭하다고 인정되는 이름이나 자랑(잠22:1)
8. □□ 하나님을 경배하는 의식(요4:24)
9. □□ 믿던 종교를 배반함(살후2:3)
10. □□ 불러냄을 받은 자들의 모임(엡5:25)

87

1. □□□ 로마 병정이 예수를 조롱하기 위하여 머리에 씌웠던, 가시나무로 만든 관(막15:17)
2. □□ 남의 잘못을 너그럽게 받아들이거나 용서함(빌4:5)
3. □□ 꾸짖거나 벌하지 아니하고 덮어 줌(고후2:10)
4. □□ 글씨를 쓸 때에, 종이 밑에 받치는 널판(눅1:63)
5. □□ 사물을 인식하여 논리나 기준 등에 따라 판정을 내림(요7:24)
6. □□ 얼굴, 머리, 옷차림 따위를 곱게 꾸밈(벧전3:3)
7. □□ 다 자란 씩씩한 남자(사46:8)
8. □□ 재산이 많고 지위가 높음(잠3:16)
9. □□ 바리새인들은 그가 누구를 의지하여 귀신을 쫓아낸다 하였나(마9:34)
10. □□□□ 양떼의 수태에 사용한 나무(창30:37-38)

88

1. □□□ 예수께서 달려 죽으신 것(고전1:18)

2. □□□ 이것을 뿌린 원수는 마귀다(마13:39)

3. □□ 뱀들아 독사의 새끼들아 너희가 어떻게 어디의 판결을 피하겠느냐(마23:33)

4. □□ 좋은 땅(신8:10)

5. □□□ 화와 복이 이로 말미암아 나온다(애3:38)

6. □□ 바로 그 사람을 이르는 말(마22:39)

7. □□ 결혼하는 여자(아4:12)

8. □□ 보수 없이 국민에게 의무적으로 책임을 지우는 노역(느5:18)

9. □□□□ 왕이 잠이 오지 않아 자기 앞에서 읽게 한 것(에6:1)

10. □□□□□□□ 매추라기의 탐심으로 여호와의 재앙이 지어진 지명(민11:21-44)

89

1. □□ 하나님이 준 재능(고전12:4)

2. □□□□□ 바울이 드로아에서 배로 직행한 곳(행16:11)

3. □□ 가나안의 성읍(수10:33)

4. □□ 시편에 자주 나오는 단어로 악곡의 곡조를 올리거나 쉬라는 뜻으로 이르는 말(시68:32)

5. □□□ 죄의 도성(미1:13)

6. □□□□ 스룹바벨의 아비(대상3:17)

7. □□□ 회오리바람으로 하늘에 올라간 선지자(왕하2:1)

8. □□□ 요한의 형제(행12:2)

9. □□ 아주 귀하고 소중한 물건(잠2:4)

10. □□ 믿음과 의리를 저버리고 돌아섬(왕하3:5)

90

1. □□ 범사에 할 일(살전5:18)
2. □□ 바울이 자신은 어디 중에서 가장 작은 자라 했나(고전15:9)
3. □□ 남의 물건을 훔침(고전6:10)
4. □□□□□ 마지막 때에 일어나는 자(요일2:18)
5. □□ 엘리사가 잠시 있었던 곳(왕하6:13)
6. □□□□ 앗수르의 위엄을 나타내는 비유에 사용된 나무(겔31:2)
7. □□□ 열매가 없고 잎만 무성 했던 나무(막11:13)
8. □□ 과수원(전2:5)
9. □□ 서로 대접 할 때 해서는 안 되는 일(벧전4:9)
10. □□ 혐오스러운 과거의 잔재를 비유적으로 이르는 말(출20:7)

91

1. □□ 물에서 건져냄을 받은 사람(출2:10)
2. □□□□ 예수님에게 세례를 베푼 사람(마3:14)
3. □□ 한숨을 쉬며 탄식함(창6:6)
4. □□ 한탄하여 한숨을 쉼(시6:6)
5. □□ 먹는 음식(잠9:5)
6. □□□ 어류의 척추동물을 통틀어 이르는 말(요1:17)
7. □□ 어떠한 일을 하는 데 적절한 시기나 경우(롬7:11)
8. □□ 여호와와 그의 백성이 공적으로 교제하던 정규장소(민16:42)
9. □□□ 예수님이 일곱 귀신을 쫓아 주신 마리아의 출생지(마27:56)
10. □□ 유다의 자손 소발의 아들(대상4:2)

92

1. □□ 맨 처음 사람(창2:20)
2. □□ 겁이 없고 배짱이 두둑함(시31:24)
3. □□□□ 대장일을 하는 기술직 노동자(왕상7:14)
4. □□ 가까이 사는 집, 또는 그런 사람(눅10:36)
5. □□ 웃는 일(전7:3)
6. □□ 목소리(시77:1)
7. □□ 하나님의 전(요2:14)
8. □□ 도를 세상에 널리 알림(눅4:44)
9. □□ 발라서 드러나지 않게 가림(사43:25)
10. □□ 남의 말을 높여 이르는 말(요1:1)

93

1. □□ 하나님께서 세우신 재판관(삿2:18)
2. □□□□ 천사와 부활이 없다고 주장하는 파(막12:18)
3. □□ 도장(창41:42)
4. □□ 교회의 어른(벧전5:1)
5. □□ 베드로의 탈옥을 알린 소녀(행12:12)
6. □□□□□ 요한이 칭찬한 초대교회 신자(요삼12)
7. □□ 보아스와 룻의 아들로 다윗의 조부(룻4:17-22)
8. □□□ 어린 나귀새끼가 매여 있던 곳(마21:1)
9. □□□ 레위의 장자(창46:11)
10. □□ 아들의 아들(잠17:6)

94

1. □□ 복음을 전함(행5:42)
2. □□ 어떤 일을 이루기 위하여 대책과 방법을 세움(롬12:17)
3. □□ 모양이 같은 물건을 만들기 위한 틀(행19:24)
4. □□ 형과 아우를 아울러 이르는 말(히13:1)
5. □□ 죄를 대신하여 드리는 의식(히10:11)
6. □□□ 시킴을 받아 어떤 작업을 하는 사람(시104:4)
7. □□ 스스로 원함(출35:29)
8. □□ 원한이 맺힐 정도로 자기에게 해를 끼친 사람(잠26:24)
9. □□ 일을 하느라고 힘을 들이고 애를 씀(마11:28)
10. □□ 어렵고 고된 일을 겪음(약5:1)

95

1. □□ 성격, 태도 따위가 온화하고 부드러움(마11:29)
2. □□□ 3층에서 졸다가 떨어져 죽었다 살아난 사람(행20:9)
3. □□□ 소돔과 함께 멸망당한 곳(창19:24-29)
4. □□ 라반의 둘째 딸로 야곱의 부인이 된 자(창29:20)
5. □□ 아셀지파의 경계 성읍(수19:24)
6. □□□ 스불론 지파의 소딜의 아들로 정탐꾼(민13:10)
7. □□□□ 대제사장 여호야다의 반정에 협력한 백부장(대하23:1)
8. □□□ 다윗이 간음한 우리아의 아내(삼하11:2-5)
9. □□□ 베드로의 이름(마16:17)
10. □□□ 독주를 마시지 아니하며, 머리를 깎지 아니하고, 사체도 만지지 않는 자로 구별된 자(삿13:7)

96

1. □□ 하나님의 은혜를 기리고 찬양함(시47:6)

2. □□□ 어린 소(말4:2)

3. □□ 알고 있는 내용이나 사물(잠19:2)

4. □□ 먹는 일(막3:20)

5. □□ 동물 중에 왕이라 칭하는 동물(암3:4)

6. □□ 남을 깊이 사랑하고 가엾게 여김(딛3:4)

7. □□ 남을 비웃고 헐뜯어서 말함(약4:11)

8. □□ 노아가 하나님 말씀대로 만든 것(창6:15)

9. □□□ 물품 따위를 넣어 허리에 차거나 들고 다니도록 만든 물건(사3:22)

10. □□□□ 밤중에 예수님을 찾아 온 유대인의 지도자(요3:1)

97

1. □□ 어떤 일에 온 정성을 다하여 골똘하게 힘씀(롬12:11)

2. □□ 몸 순환 계통의 중심적인 근육 기관(빌1:8)

3. □□ 진행을 가로막거나 충분한 기능을 하지 못하게 함(고전 9:12)

4. □□ 슬픈 노래(암5:1)

5. □□ 집에서 기르는 짐승(엘1:18)

6. □□ 복을 빌어줌(롬12:14)

7. □□ 남의 명령이나 의사를 그대로 따라서 좇음(엡5:21)

8. □□□□ 의인은 무엇같이 번성하며 레바논의 백향목 같이 성장하리로다 하였나(시92:12)

9. □□□ 그 가지가 연하여지고 잎사귀를 내면 여름이 가까운 줄 알 수 있는 나무(막13:28)

10. □□ 부주의나 태만 따위에서 비롯된 잘못이나 허물(출34:7)

98

1. □□ 화목하고 평온함을 가리키는 말(마5:9)
2. □□ 평온하고 화목함을 가리키는 말(전3:8)
3. □□ 서로 뜻이 맞고 정다움(고후5:18)
4. □□ 양을 치는 사람(요10:11)
5. □□ 사물을 대할 때 가지는 마음가짐(벧전5:3)
6. □□ 세금을 거두는 사람(눅5:29)
7. □□□ 이삭의 부인(창24:64)
8. □□□ 안나스의 사위이며 후계자(요18:13)
9. □□ 아셀 자손 아브렛의 세 아들 중 장남(대상7:33)
10. □□□ 돌 무화과나무에 올라간 자(눅19:2-4)

성경 단어 끝말잇기 정답

1. 그리스도-도마-마태-태초-초막절-절기-기도-도르가-가인-인자
2. 엘리야-야이로-로마-마가-가브리엘-엘리사-사사-사자-자유-유두고
3. 성경-경성-성결-결단-단비-비판-판자-자백-백성-성령
4. 예수-수리아-아가보-보아스-스데반-반석-석청-청지기-기브온-온유
5. 임미누엘-엘리사벳-벳바게-게하시-시사-삭개오-오네시모-모세-세마포-포도주

6. 할렐루야-야베스-스알디엘-엘리-리브가-가나안-안디옥-옥합-합당-당황
7. 아브라함-함맛-맛디아-아간-간다게-게르솜-솜뭉치-치욕-욕심-심판
8. 노아-아셀-셀라-라오디게아-아비가일-일월성신-신묘막측-측은-은사-사울
9. 십자가-가야바-바벨-벨사살-살로매-매복-복종-종말-말라기-기쁨
10. 복음-음악-악갓-갓미엘-엘리압-압박-박수-수건-건포도-도적

11. 아담-담화-화목제-제사-사도-도비야-야하스-스다구-구스-스랍
12. 교회-회당-당국-국고-고통-통간-간음-음식-식물-물건
13. 구원-원수-수비대-대제사장-장로-로암미-미간-간교-교만-만족
14. 감사-사마리아-아겔다마-마므레-레위-위로-로데-데라-라헬-헬리
15. 전도-도장-장인-인내-내세-세베대-대주재-재물-물두멍-멍에

16. 찬양-양무리-리베-배역-역사-사발-발디엘-엘리바스-스승-승리
17. 유브라데-데만-만나-나오미-미간-간다게-게바-바산-산발랏-랏대
18. 구주-주막-막달라-라마-마길-길르앗-앗달리아-아리마대-대연-연자맷돌
19. 회개-개천-천지-지팡이-이사야-야완-완전-전도서-서원제-제금
20. 베드로-로데발-발루-루디아-아멘-멘나-나팔-팔꿈치-치욕-욕심

21. 바울-울분-분노-노인-인애-애가-가버나움-움막-막달라-라멕
22. 형제-제사장-장막-막대기-기근-근지-지구-구레네-네레오-오라비
23. 은사-사도-도르가-가말리엘-엘리사벳-벳새다-다말-말라기-기운-운명
24. 찬양-양무리-리버디노-노아-아르박삿-삿두-두아디아-아볼로-로마-마노아
25. 방언-언약-약속-속박-박사-사르밧-밧모-모르드개-개미-미련

26. 목자-자식-식양-양심-심판-판단-단정-정직-직분-분토
27. 여호와-와스디-디모데-데살로니가-가브리엘-엘리후-후사-사막-막게다-다윗
28. 소망-망대-대성통곡-곡간-간권-권세-세리-리배-배반-반석
29. 믿음-음성-성실-실과-과원-원시-시세-세상-상섯-석양
30. 랍비-비유-유언-언약궤-궤술-술객-객실-실망-망탄-탄식

31. 레위-위로-로뎀나무-무화과-과부-부자-자유-유대-대언자-자리
32. 오순절-절기-기생-생명나무-무식-식민지-지성소-소발-발람-람
33. 선물-물두멍-멍에-에스더-더둘로-로이스-스데반-반석-석수-수건

34. 소경-경고-고르반-반역-역사-사르밧-밧세바-바사바-바알세불-불의
35. 경배-배설물-물고기-기한-한가-가족-족장-장관-관할-할렐루야

36. 진주-주인-인도-도비야-야빈-빈민-민요-요단강-강단-단창
37. 선물-물맷군-군사-사마리아-아가-가정-정직-직가-가야바-바디매오
38. 선한목자-자비-비유-유월절-절도-도살장-장수-수전절-절대-대제사장
39. 기도-도임-임마누엘-엘리사-사도-도피성-성경-경건-건제-제물
40. 나팔-팔꿈치-치마-마르다-다말-말라기-기묘자-자만-만세-세마포

41. 베드로-로뎀나무-무시-시일-일월성신-신실-실과-과부-부인-인간
42. 생명수-수산나-나오미-미가-가말리엘-엘리야-야고보-보디발-발원-원수
43. 사사-사두개인-인애-애가-가드헤벨-벨사살-살모네-네피림-림몬베레스-스가랴
44. 면류관-관유-유스도-도단-단속-속죄소-소생-생명책-책망자-자백
45. 법궤-궤계-계시-시므온-온유-유순-순두게-게바-바로-로루하마

46. 자유-유두고-고멜-멜리데-데가볼리-리브가-가인-인구-구레네-네피림
47. 요나단-단비-비둘기-기약-약조-조물주-주권자-자족-족장-장막
48. 성도-도마-마태-태양-양식-식사-사르밧-밧모-모르드개-개척
49. 믿음-음악-악수-수풀-풀무-무지-지옥-옥합-합환채-채색옷
50. 영광-광명-명철-철병거-거문고-고향-향유-유스도-도로-로뎀나무

51. 화평-평화-화목-목사-사울-울분-분토-토색-색욕-욕심
52. 창세기-기적-적병-병거-거만-만세-세상-상급-급거-거듭남
53. 구원-원만-만족-족장-장관-관심-심판-판명-명부-부요
54. 믿음-음악-악행-행복-복음-음성-성경-경건-건과-과실
55. 할렐루야-야벳-벳바게-개하시-시위대장-장애물-물매-매일-일평생-평화

56. 절제-제사장-장로-로암미-미디안-안디옥-옥토-토기장이-이간-간다게
57. 감사-사두개인-인자-자비-비유-유다-다말-말라기-기도-도마
58. 은사-사무엘-엘리야-야고보-보아너게-게바-바울-울타리-리노-노아
59. 교회-회중-중보-보혜사-사자-자유-유월절-절기-기브온-온유
60. 잇사갈-갈릴리-리스위-위로-로이스-스데바나-나아만-만세-세마포-포도원

61. 장막-막달라마리아-아도니아-아벨-벨드사살-살로메-메삭-삭개오-오르바-바사바
62. 임마누엘-엘리사벳-벳새다-다베라-라반-반석-석류나무-무교병-병거-거류민
63. 에벤에셀-셀라-라합-합당-당파-파종-종말-말세-세상-상속-속죄
64. 닛시-시온-온유-유모-모사-사도-도움-움막-막대기-기쁨
65. 아담-담대-대언자-자손-손자-자주-주머니-니고데모-모세=세례

성경 단어 끝말잇기 정답

66. 하와-와스디-디모데-데가볼리-리브가-가말리엘-엘르아살-살라미-미가-가이사랴빌립보
67. 노아-아간-간다게-게바-바예수-수리아-아나니아-아브라함-함맛-맛디아
68. 교회-회개-개선-선견자-자수정-정신-신부-부모-모압-압돈
69. 승리-리노-노하-하나님-님시-시내-내시-시므온-온전-전쟁
70. 감사-사렙다-다시스-스룹바벨-벨릭스-스마야-야이로-로데-데가볼리-리배

71. 베들레헴-헴단-단장-장모-모형-형제-제자-자유-유발-발람
72. 천사-사도-도피성-성회-회복-복음-음식-식사-사역-역청
73. 경건-건축-축복-복음-음모-모독-독수리-리시아-아그립바-바예수
74. 순종-종말-말라기-기초-초막절-절제-제자-자세-세베대-대접
75. 열매-매복-복종-종려나무-무시-시작-작은방패-패전-전도-도르가

76. 명철-철학-학문-문설주-주저-저울-울음-음악-악기-기스
77. 성경-경성-성소-소고-고린도-도비야-야고보-보아너게-게하시-시몬
78. 생명-명성-성막-막벨라-라헬-헬라-라오디게아-아가서-서머나-나단
79. 존귀-귀족-족보-보아스-스마야-야베스-스랍-랍사게-게르솜-솜씨
80. 열심-심판-판결-결실-실로암-암비볼리-리비아-야간-간네-네압볼리

81. 가브리엘-엘리사마-마가-가인-인자-자비-비유-유두고-고멜-멜기세덱
82. 이삭-삭개오-오네시모-모리아-아벳느고-고르반-반역-역청-청지기-기적
83. 임마누엘-엘가나-나오미-미가-가정-정직-직가-가나안-안드레-레위
84. 호산나-나팔-팔고리-리스바-바라바-바나바-바로-로루하마-마태-태초
85. 여호수아-아골-골고다-다리오-오홀리압-압제-제사장-장망성-성경-경건

86. 예수-수고-고민-민수기-기생-생명-명예-예배-배교-교회
87. 면류관-관용-용서-서판-판단-단장-장부-부귀-귀신-신풍나무
88. 십자가-가라지-지옥-옥토-토지-지존자-자신-신부-부역-역대일기-기브롯핫다아와
89. 은사-사모드라게-게셀-셀라-라기스-스알디엘-엘리야-야고보-보배-배반
90. 감사-사도-도적-적그리스도-도단-단풍나무-무화과-과원-원망-망령

91. 모세-세례요한-한탄-탄식-식물-물고기-기회-회막-막달라-라핫
92. 아담-담대-대장장이-이웃-웃음-음성-성전-전도-도말-말씀
93. 사사-사두개인-인장-장로-로데-데메드리오-오벳-벳바게-게르손-손자
94. 전도-도모-모형-형제-제사-사역자-자원-원수-수고-고생
95. 온유-유두고-고모라-라헬-헬갓-갓디엘-엘리사밧-밧세바-바요나-나실인

96. 찬송-송아지-지식-식사-사자-자비-비방-방주-주머니-니고데모
97. 열심-심장-장애-애가-가축-축복-복종-종려나무-무화과-과실
98. 화평-평화-화목-목자-자세-세리-리브가-가야바-바삭-삭개오

주제별 성경퀴즈

1. 질문과 관계되는 자는 누구입니까

1. 네가 어디 있느냐(창3:9)
①하와 ②아담 ③모세 ④이사야

2. 누가 사람의 입을 지었느뇨? 누가 귀머거리나 눈 밝은 자나 소경이 되게 하였느뇨(출4:11)
①아론 ②바로 ③모세 ④여호수아

3. 내가 누구를 보내며 누가 우리를 위하여 갈꼬(사6:8)
①이사야 ②에레미야 ③다니엘 ④호세아

4. 너는 아이라 하지 말고 내가 너를 누구에게 보내든지 너는 가며 내가 네게 무엇을 명하든지 너는 말할지니라(렘1:7)
①예레미야 ②이사야 ③느헤미야 ④다니엘

5. 너는 일어나 저 큰 성읍 니느웨로 가서 그것을 쳐서 외치라(욘1:2)
①학개 ②미가 ③요나 ④하바국

6. 너는 대장부처럼 허리를 묶고 내가 네게 묻는 것을 대답할지니라(욥10:7)
①하나냐 ②엘리바스 ③소발 ④욥

7. 마음을 강하게 하라 담대히 하라(수1:7)
①갈렙 ②여호수아 ③기드온 ④모세

8. 네가 분하여 함은 어찜이며 안색이 변함은 어찜이뇨(창4:6)
①가인 ②아벨 ③아담 ④바로

9. 너와 네 온 집은 방주로 들어가라(창7:1)
①무드셀라 ②에녹 ③노아 ④셈,함,야벳

10. 너는 너의 본토 친척 아비의 집을 떠나 내가 네게 지시할 땅으로 가라(창12:1)
①이삭 ②아브라함 ③야곱 ④요셉

2. 하나님께 질문한 사람들

1. 내가 내 아우를 지키는 자 입니까(창4:9)
   ①아담 ②가인 ③아벨 ④셈

2. 주 여호와여 내가 이 땅으로 업을 삼을 줄 무엇으로 알리이까(창15:8)
   ①아브라함 ②이삭 ③야곱 ④요셉

3. 어찌하여 나로 간악을 보게 하시며 패역을 목도하게 하시나이까(합1:3)
   ①말라기 ②스가랴 ③스바냐 ④하박국

4. 주께서 의인을 악인과 함께 멸하시려나이까(창18:23)
   ①롯 ②야곱 ③아브라함 ④노아

5. 주여 주께서 의로운 백성도 멸하시나이까(창20:4)
   ①아비멜렉 ②아브라함 ③이삭 ④롯

6. 나의 고통이 계속하며 상처가 중하여 낫지 아니함은 어찜이니이까(렘15:18)
   ①에스겔 ②예레미야 ③이사야 ④느헤미야

7. 나는 미천하오니 무엇이라 주께 대답 하리이까? 손으로 내 입을 가릴 뿐이로소이다.(욥40:3)
   ①다윗 ②솔로몬 ③욥 ④사무엘

8. 주여 내가 무엇으로 이스라엘을 구원하리이까(삿6:15)
   ①삼손 ②기드온 ③드보라 ④돌라

9. 누가 주의 이 많은 백성을 재판할 수 있사오리이까(왕상3:9)
   ①모세 ②솔로몬 ③다윗 ④사울

10. 내가 이 군대를 쫓아가면 미치겠나이까(삼상30:8)
    ①다윗 ②여호수아 ③기드온 ④사울

3. 누가 처음인가

1. 처음 술을 마신 자(창9:21)
   ①가인 ②노아 ③함 ④야곱

2. 처음으로 사람을 죽인 자(창4:8)
   ①아담 ②야벳 ③가인 ④셋

3. 성경에서 처음으로 나온 미인선발대회에서 뽑힌 자(에2:16-17)
   ①와스디 ②이세벨 ③리브가 ④에스더

4. 누가 이스라엘의 초대 왕인가(삼상10:1)
   ①사울 ②아비멜렉 ③다윗 ④솔로몬

5. 최초의 사사(삿3:9)
   ①삼손 ②기드온 ③사무엘 ④옷니엘

6. 처음으로 결혼베일을 썼던 자(창24:65)
   ①리브가 ②라헬 ③레아 ④사라

7. 최초의 사냥군(창10:9)
   ①가인 ②니므롯 ③야엘 ④입다

8. 처음 도시이름과 같이 불리운 사람의 이름(창4:17)
   ①노아 ②가인 ③에녹 ④아브람

9. 누가 처음으로 히브리인의 인구조사를 했나(민26:1-2)
   ①다윗 ②에스라 ③느헤미야 ④모세

10. 처음 아들이 된 자(창4:1)
   ①가인 ②아벨 ③하와 ④셋

4. 구약의 여인

1. 맨 처음 여인(창4:1)
   ①하와　②아다　③씰라　④사래

2. 여자 사사(삿4:4)
   ①기드온　②드보라　③라합　④이세벨

3. 나발의 아내였다가 다윗의 아내가 된 여인(삼상24:30)
   ①아비가일　②밧세비　③마갈　④나오미

4. 이스마엘의 어머니(창16:6)
   ①사래　②나오미　③한나　④하갈

5. 예복을 주관하는 살룸의 아내로 요시아 때 여선지(왕하22:14-20)
   ①엘리사벳　②와스디　③훌다　④드보라

6. 기생으로 정탐군을 숨겨 두었던 여인(수2:1-7)
   ①라합　②룻　③다말　④라헬

7. 보아스와 결혼하여 예수님의 족보에 오른 여인(룻4:1-10)
   ①롯　②룻　③오르바　④나오미

8. 음란한 여인으로 호세아의 아내(호1:2)
   ①하갈　②밧세바　③고멜　④디나

9. 유다의 가문의 대를 이은 여인으로 베레스와 세라를 낳았다(창38:1-7)
   ①다말　②하갈　③레아　④라헬

10. 기도로 아들을 얻어 하나님의 전에 바치고 후에 더 많은 자녀를 가진 자(삼상1:24-28)
   ①엘리사벳　②에스더　③도르가　④한나

5. 어린이와 관계되는 사람

1. 사사 중 70명의 아들을 둔 자(삿8:30)
①기드온 ②입다 ③돌라 ④입산

2. 성경에서 맨 처음 아이로 나오는 자(창4:1)
①아벨 ②셋 ③가인 ④노아

3. 성경에 처음으로 나오는 쌍둥이(창25:23-26)
①이삭과 야곱 ②에서와 야곱 ③아브람과 라반 ④모세와 아론

4. 유다 왕으로 28명의 아들과 60명의 딸을 가졌던 자(대하11:21)
①여로보암 ②르호보암 ③솔로몬 ④다윗

5. 사사 중 아들 30명을 둔 자(삿10:3-4)
①야일 ②입다 ③입산 ④기드온

6. 사사 중 아들 40명과 손자 30명을 둔 자(삿12:13-14)
①야일 ②기드온 ③입다 ④압돈

7. 대머리라 놀림을 받고 암곰을 통하여 아이 42명을 죽게 한 자(왕하2:24)
①엘리사 ②엘리야 ③사무엘 ④바울

8. 왕의 선견자로 열 네 아들과 세 딸을 두었던 자(대상25:5)
①북기야 ②맛다냐 ③헤만 ④호딜

9. 왕이면서 여러 부인으로부터 19명의 아들과 한 명의 딸을 둔 자(대상3:1-9)
①사울 ②다윗 ③솔로몬 ④여로보암

10. 세 아들을 두고 방주를 만든 자(창6:10)
①노아 ②셈 ③야벳 ④함

6. 성경에 나오는 친척

1. 아브라함의 조카(창12:5)
①롯 ②룻 ③라반 ④이새

2. 야곱의 외삼촌(창29:10)
①에서 ②라반 ③이삭 ④엘리에셀

3. 노아의 할아버지(창5:25)
①라멕 ②야벳 ③에녹 ④므두셀라

4. 아브라함에게 배가 다른 아들(창16:15)
①하갈 ②이삭 ③야곱 ④이스마엘

5. 유다의 맏며느리(창38:6)
①다말 ②디나 ③라헬 ④나오미

6. 다윗의 누이 중 한 사람(대상2:13-16)
①미리암 ②아비가일 ③미갈 ④밧세바

7. 에스더의 삼촌(에2:7)
①모르드개 ②와스디 ③하만 ④느브갓네살

8. 르우벤의 서모로 통간한 자(창35:22)
①라헬 ②레아 ③실바 ④빌하

9. 브두엘의 딸로 라반의 누이(창24:24)
①리브가 ②룻 ③다말 ④요게벳

10. 말론의 아내로 나오미의 며느리(룻1:4)
①오르바 ②룻 ③미리암 ④드보라

7. 어디 인가(1)

1. 하나님께서 만드신 동산(창2:8)
   ①에덴동산 ②바벨평지 ③시날평지 ④겟세마네동산

2. 아브라함이 하나님의 명을 받고 어디를 떠날 때가 75세였나(창12:4)
   ①우르 ②하란 ③가나안 ④애굽

3. 노아의 방주가 머물렀던 산(창8:4)
   ①갈멜산 ②헬몬산 ③아라랏산 ④시내산

4. 하루에 한 번씩 돌고 마지막 날에는 일곱 번 돈 성(수6:14-15)
   ①다윗성 ②아이성 ③헤롯성 ④여리고성

5. 모세가 처음 하나님께 부름을 받은 산(출3:1)
   ①호렙산 ②시내산 ③느보산 ④감람산

6. 사무엘이 회개운동을 하기 위하여 백성을 모은 곳(삼상10:17)
   ①예루살렘 ②미스바 ③블레셋 ④여리고

7. 다윗은 골리앗을 어느 골짜기에서 싸울 때 죽였나(삼상17:19)
   ①살렘골짜기 ②유대골짜기 ③기드온골짜기 ④엘라골짜기

8. 요나는 하나님의 말씀을 어디에 가서 전하라는 명령을 받았었나(욘1:2)
   ①다시스 ②욥바 ③니느웨 ④예루살렘

9. 느헤미야는 어디에 있다가 남아있는 유대인과 예루살렘의 소식을 들었나(느1:1)
   ①수산궁 ②바산궁 ③여리고 ④바벨론

10. 여호수아는 어디사람들과 약조를 맺었었나(수9:11)
   ①헷 사람 ②아모리 사람 ③히위사람 ④기브온사람

8. 어느 때인가(1)

1. 예레미야에게 여호와의 말씀이 임한 때(렘1:1)
①요시야　②여호야긴　③요아스　④아달랴

2. 에스겔에게 여호와의 권능이 임한 때(겔1:2)
①여호야김　②여호야긴　③여호사밧　④여호람

3. 스바냐에게 언제 여호와의 말씀이 임하였는가(습1:1)
①아합　②아하시야　③요시야　④여로보암

4. 언제 학개로 말미암아 여호와의 말씀이 대제사장 여호수아에게 임하였는가(학1:1)
①다리오왕　②느부갓네살　③아하수에로　④고레스

5. 스가랴에게 어느 시대 때에 여호와의 말씀이 임하였는가(슥1:1)
①다리오왕　②느부갓네살　③아하수에로　④고레스

6. 유다왕 누구 때에 바벨론 왕 느부갓네살이 예루살렘을 에워 쌓는가(단1:1)
①여호야김　②여호야긴　③여호사밧　④여호람

7. 아브라함이 몇 살 때 하나님께서 언약을 세우고 너는 열국의 아비가 되게 한다 하셨나(창17:1)
①100세　②90세　③99세　④120세

8. 노아의 홍수 때 몇일동안 물이 창일하였었나(창7:24)
①100일　②120일　③130일　④150일

9. 요셉이 바로 앞에 설 때에 나이가 얼마였나(창41:46)
①13세　②30세　③40세　④50세

10. 솔로몬이 여호와의 전을 건축한 때는 출애굽 후 얼마 만인가(왕상6:1)
①400년　②430년　③480년　④500년

9. 어린이와 관계되는 사람(2)

1. 열두 아들을 두고 딸 하나를 둔 자로 11번째 아들 때문에 다른 나라에서 살았던 자(창29:31-35)
   ①이삭 ②요셉 ③야곱 ④아브라함

2. 백세에 아들을 낳았지만 하나님께서 제물로 바치라고 부름을 받았던 자(창22:2)
   ①아브라함 ②하갈 ③야곱 ④이삭

3. 아들을 낳기 위하여 기도했다가 한 아들은 물론 세 아들과 두 딸을 낳은 여자(삼상2:21)
   ①하갈 ②사라 ③한나 ④라합

4. 자신의 서원기도로 말미암아 딸을 하나님께 제물로 바친 자(삿11:31)
   ①웃니엘 ②입다 ③입산 ④한나

5. 남편과 함께 외국으로 갔다가 남편과 두 아들을 모두 잃고 고국으로 돌아온 자(룻1:22)
   ①리브가 ②요게벳 ③에스더 ④나오미

6. 부모가 죽은 후 자기 딸같이 양육한 자(에2:7)
   ①나오미 ②룻 ③모르드개 ④와스디

7. 하나님의 법궤를 빼앗겼을 때에 아들들을 징계치 않아 두 아들을 잃고 목이 부러져 죽은 선지자(삼상4:18)
   ①엘리사 ②엘리 ③엘리야 ④사무엘

8. 주인이 문둥병자인 것을 알고 하나님의 종을 소개 해준 소녀가 섬겼던 주인(왕하5:1-7)
   ①나아만 ②하만 ③아히도벨 ④요압

9. 블레셋 장군 골리앗을 물 맷돌로 때려눕힌 소년(삼상17:49)
   ①사울 ②다윗 ③솔로몬 ④요나단

10. 아들 일곱과 딸 셋을 가지고 있다가 한 날에 죽음을 당한 자(욥1:18)
   ①욥 ②엘리 ③야곱 ④기드온

10. 누가 말하였는가(1)

1. 당신이 내게 축복하지 아니하면 가게 하지 아니하겠나이다(창32:26)
①이삭 ②야곱 ③요셉 ④모세

2. 우리는 다 한 사람의 아들로서 독실한 자니 종들은 정탐이 아니니이다(창42:11)
①요셉의 형제들 ②이새의 아들들 ③노아의 아들들

3. 주신 자도 여호와시오 취하신 자도 여호와시니 여호와의 이름이 찬송을 받으실지니이다(욥1:21)
①다윗 ②솔로몬 ③욥 ④룻

4. 반역이로다 반역이로다(왕하11:14)
①아르밧 ②압살롬 ③사울왕 ④아달랴

5. 여호와가 누구관대 내가 그 말을 듣고 이스라엘을 보내겠느냐(출5:2)
①바로 ②모세 ③아론 ④여호수아

6. 주 여호와여 보소서 나는 아이라 말할 줄을 알지 못하나이다(렘1:6)
①이사야 ②예레미야 ③다니엘 ④느헤미야

7. 내가 누구관대 바로에게 가며 이스라엘 자손을 애굽에서 인도하여 내리이까(출3:11)
①다윗 ②이사야 ③아론 ④모세

8. 내가 진실과 전심으로 주 앞에 행하며 주의보시기에 선하게 행한 것을 기억하옵소서(왕하20:3)
①여호야김 ②히스기야 ③다윗 ④요아스

9. 너희 하나님 여호와께서 너희에게 안식을 주시며 이 땅을 너희에게 주시리라 하였나니 너희는 그 말을 기억하라(수1:13)
①여호수아 ②기드온 ③갈렙 ④모세

10. 죽으면 죽으리라(에4:16)
①와스디 ②모르두개 ③사무엘 ④에스더

11. 꿈꾸거나 잠 자는 자(1)

1. 자기가 꾼 꿈을 잊었으나 그 꿈의 내용은 큰 신상에 관한 것이었다(단2:1-30)
①아하수에로 ②느부갓네살 ③다리오 ④아닥다스다

2. 네 짐승에 관한 꿈을 꾼 자(단7:1)
①이사야 ②예레미야 ③에스겔 ④다니엘

3. 하나님의 사자들이 오르락 내리락하는 것을 본 자(창28:12)
①아브라함 ②야곱 ③이삭 ④요셉

4. 보리떡 한 덩이가 미디안 진으로 굴러온 것을 꾸었다는 이야기를 들은 자(삿7:13)
①요셉 ②삼손 ③기드온 ④다니엘

5. 내가 네게 무엇을 줄꼬 너는 구하라는 명을 받은 자(왕상3:5-10)
①다윗 ②솔로몬 ③사울 ④요셉

6. 배 밑층에 누워 자다가 네 하나님께 구하라고 깨움을 받은 자(욘1:5-6)
①베드로 ②다윗 ③아모스 ④요나

7. 잠자는 동안에 갈비뼈 하나를 빼앗긴 자(창2:21)
①아담 ②노아 ③삼손 ④기드온

8. 잠자다가 창과 물병을 빼앗긴 자(삼상26:12)
①삼손 ②다윗 ③사울 ④솔로몬

9. 해와 달과 열 한별이 내게 절하더이다라고 꿈 이야기를 한 자(창37:9)
①요셉 ②이새 ③이삭 ④야곱

10. 여인의 무릎을 베고 자다가 힘을 잃어 눈이 빠진 자(삿16:20)
①호세아 ②삼손 ③입다 ④벨사살

12. 크고 작은 도시(1)

1. 처음에는 백성 중 이삼 천 명만 보내었다가 나중에는 삼만 명을 보내어 점령한 곳(수7:3,8:3)
①아이 ②여리고 ③벧엘 ④사마리아

2. 오므리가 은 두 달란트로 세멜에게서 사마리아 산을 사고 그 산 위에 성을 건축하고 그 성 이름을 그 산 주인이 되었던 세멜의 이름을 좇아 불리운 지역(왕상16:23-24)
①유대 ②사마리아 ③길갈 ④헤브론

3. 야곱이 세겜의 아비 하몰의 자손에게 금 일백개를 주고 산 땅(수25:32)
①벧엘 ②욥바 ③길갈 ④세겜

4. 아브라함이 에브론에게 은 사백 세겔을 달아 주고 산 땅으로 마므레라고도 불리운 곳(창23:16-19)
①헤브론 ②에시온게벨 ③미스바 ④막달라

5. 솔로몬이 애돔 땅 홍해 물가 엘롯 근처에서 배들을 지은 곳(왕상9:26)
①나사렛 ②엘림 ③헤브론 ④에시온게벨

6. 요나가 다시스로 가기 위하여 배를 타러 내려 간 곳(욘1:3)
①니느웨 ②욥바 ③헤브론 ④갈릴리

7. 솔로몬이 일천 번제를 드린 산당이 있는 곳(왕상3:4)
①예루살렘 ②베들레헴 ③기브온 ④갈릴리

8. 히스기야가 어디에서 앗수르 왕에게 여호와의 전과 궁전에 있던 은과 기둥의 금을 주었나(왕하18:13)
①예루살렘 ②산헤립 ③베들레헴 ④가이사랴

9. 여호와께서 어떤 두 도시에 유황과 불을 비 같이 내리셨나(창19:24)
①소돔과벧엘 ②실로와 바벨 ③고센과 욥바 ④소돔과 고모라

10. 물샘 열 둘과 종려 칠십 주가 있는 곳(출15:27)
①마라 ②엘림 ③라마나욧 ④미스바

13. 어떤 무기를 사용했나?

1. 삼손이 블레셋 사람 삼천 명을 죽인 무기(삿15:16)
①칼 ②나귀턱뼈 ③활 ④돌

2. 다윗이 골리앗을 죽인 무기(삼상17:49)
①물맷돌 ②창과 칼 ③항아리 ④횃불

3. 기드온이 미디안 군대를 이길 때 사용한 무기(삿7:20)
①무기없이 ②찔레나무 ③말 ④항아리, 횃불, 나팔

4. 여호수아가 여리고 성을 함락할 때 마지막에 사용한 무기(수6:21)
①무기없이 ②양각나팔 ③많은군대 ④칼날

5. 삼갈이 블레셋 사람 육 백 명을 죽일 때 사용한 무기(삿3:31)
①지팡이 ②소모는 막대기 ③나귀턱뼈 ④창

6. 야엘이 시스라를 죽일 때 사용한 무기(삿5:26)
①도끼 ②쇠막대기 ③방망이 ④칼과 창

7. 아간은 어떤 무기로 죽었는가(수7:25)
①돌 ②불 ③칼 ④활

8. 사울왕은 어떤 무기로 죽임을 당하였는가(삼상31:4)
①활 ②칼 ③창 ④막대기

9. 에훗이 에글론 왕을 죽일 때 쓴 무기(삿3:21)
①칼 ②활 ③창 ④돌맹이

10. 우리아는 어떤 무기로 죽임을 당하였는가(삼하11:24)
①칼 ②활 ③창 ④막대기

14. 숫자(1)

1. 번제물은 얼마나 된 송아지를 가지고 드리나(미6:6)
①일년 ②일년 반 ③이년 ④삼년

2. 가나의 혼인잔치 집에는 돌 항아리 몇 개가 있었는가(요2:6)
①두 개 ②세 개 ③다섯 개 ④여섯 개

3. 야곱은 아내를 얻기 위하여 처음에 몇 년을 약속하였었나(창29:18)
①일년 ②삼년 ③칠년 ④십년

4. 엘림에는 물 샘 몇이 있었는가(마14:7)
①한 개 ②다섯 개 ③일곱 개 ④열두 개

5. 벳새다 광야에서는 보리떡이 몇 개 있었는가(마2:16)
①두개 ②다섯 개 ③일곱 개 ④열 개

6. 헤롯은 몇 살 아래의 아이들을 다 죽이었는가(약5:17)
①한살 ②두살 ③세살 ④다섯살

7. 엘리야는 몇 년 동안 비가 오지 않게 하다가 오게 하였나(눅4:25)
①일년 육개월 ②이년 ③이년 육개월 ④삼년 육개월

8. 예수께서는 며칠 만에 부활하셨나(행10:40)
①하루 ②이틀 ③사흘 ④나흘

9. 할례는 난지 몇 일 만에 받는가(창17:12)
①하루 ②칠일 ③팔일 ④십일

10. 야곱은 라반에게 품삯을 몇 번이나 속이었다고 하였나(창31:7)
①두 번 ②열 번 ③스무 번 ④세 번

15. 불과 관계되는 일(1)

1. 하늘로부터 유황과 함께 불이 내려와 탄 두 도시(창19:24)
①두로와 시돈 ②소돔과 고모라 ③헤브론과 아이 ④예루살렘과 베들레헴

2. 엘리야는 어디에서 기도하여 제단과 제물에 불이 내려왔는가(왕상 18:16-40)
①시내산 ②갈멜산 ③감람산 ④헬몬산

3. 이스라엘이 광야에 있을 때 하나님은 무엇으로 밤을 지켜 주셨나(출 13:21)
①불기둥 ②구름기둥 ③불수레 ④불 비

4. 극렬히 타는 풀무에서 건짐을 받은 자들(단3:19)
①셈 함 야벳 ②룻 오르바 나오미 ③가인 아벨 셋 ④사드락 메삭 아벳느고

5. 아담과 하와가 에덴에서 쫓겨날 때 천사는 무엇을 가지고 지켰는가(창 3:24)
①불병거 ②화염검 ③불 말 ④불 창

6. 하나님께서 모세를 어떤 나무 불꽃가운데서 불렀나(출3:2)
①포도나무 ②감람나무 ③떨기나무 ④뽕나무

7. 어느 산에서 여호와께서 불 가운데 강림하셨나(출19:18)
①시내산 ②호렙산 ③느보산 ④감람산

8. 불이 반석에서 나와 고기와 무교전병을 사르는 것을 본 자(삿6:21)
①드보라 ②기드온 ③삼손 ④에훗

9. 불수레와 불말을 타고 승천한 사람(왕하2:11)
①엘리사 ②다니엘 ③엘리야 ④엘리

10. 여호와의 명하지 아니한 불로 분향하다가 죽은 자(레10:1)
①아론과 미리암 ②에훗과 웃니엘 ③기룐과 말론 ④나답과 아비후

16. 어디 인가(2)

1. 모세가 십계명을 받은 산(출19:23)
①느보산 ②호렙산 ③시내산 ④그리심산

2. 이스라엘 백성이 애굽을 떠나기 위하여 집합한 장소(출13:20)
①숙곳 ②에담 ③가데스바네아 ④홍해

3. 물샘 열 둘과 종려 칠십 주가 있는 곳(출15:27)
①마라 ②에돔 ③숙곳 ④엘림

4. 블레셋 사람들에게 빼앗겼던 법궤는 어디로 돌아 왔는가(삼상6:14)
①벧스메스 ②아모리 ③기럇여아림 ④미스바

5. 나발의 아내였다가 다윗의 아내가 된 아비가일은 어디 여자인가(삼상27:3)
①이스르엘 ②갈멜 ③술 ④애굽

6. 야곱이 꿈에 하나님의 사자들을 보고 지은 지명이름(창35:15)
①여호와이레 ②이스라엘 ③예루살렘 ④벧엘

7. 기드온은 어디 사람들을 항아리와 나팔과 횃불로 이겼는가(삿7:20-23)
①블레셋 ②애굽 ③미디안 ④모압

8. 룻은 어디 여자인가(룻1:4)
①유대 ②모압 ③애굽 ④블레셋

9. 나아만은 어디나라의 큰 군사인가(왕하5:1)
①아람 ②블레셋 ③애굽 ④유대

10. 솔로몬에게 찾아온 여왕은 어느 나라인가(대하9:1)
①고모라 ②애굽 ③스바 ④수넴

17. 양과 목자에 관하여

1. 양 일만 사천 마리를 보유했던 사람(욥42:12)
①이삭 ②아브라함 ③욥 ④야곱

2. 누가 양 치던 소녀 십보라와 결혼을 하였나(출2:16-17)
①이삭 ②야곱 ③모세 ④아론

3. 여호아는 나의 목자라고 한 사람(시23:1)
①베드로 ②다윗 ③요한 ④솔로몬

4. 예수님은 누구에게 내 양을 치라 내 어린양을 먹이라고 부탁하셨나(요21:15-17)
①베드로 ②야고보 ③요한 ④사도바울

5. 누가 처음으로 양 치던 자였나(창4:2)
①니르못 ②아벨 ③가인 ④므두셀라

6. 누가 선한목자인가(요10:11)
①제자들 ②예수 ③사도들 ④성도들

7. 어떤 선지자가 우리는 다 양 같아서 제 길로 갔다고 했나요(사53:6)
①이사야 ②다니엘 ③예레미야 ④에스겔

8. 어떤 복음서에 양과 염소에 대한 심판의 이야기가 나오나요(마25:32)
①마태복음 ②마가복음 ③누가복음 ④요한복음

9. 어느 선지자가 목자가 없음으로 양무리가 들짐승의 밥이 되었다고 하였나(겔34:8)
①이사야 ②다니엘 ③예레미야 ④에스겔

10. 무릇 흠이나 악질이 있는 우양은 네 하나님께 드리지 말라고 기록된 곳(신17:1)
①호세아 ②신명기 ③이사야 ④예레미야

18. 성경에 나오는 친척(2)

1. 기생이었으나 보아스의 어머니로 예수의 족보에 오른 자(수2:1)
   ①다말 ②밧세바 ③라합 ④마리아

2. 야곱의 딸로 세겜에게 강간을 당한 자(창34:1-2)
   ①다말 ②디나 ③와스디 ④딤나

3. 삼손의 사랑을 받았던 블레셋 여인(삿16:4)
   ①밧세바 ②이세벨 ③들릴라 ④라합

4. 랍비돗의 아내로 사사가 된 여인(삿4:4)
   ①드보라 ②미리암 ③나오미 ④오르바

5. 히스기야와 헵시바의 아들로 열 두 살에 왕위에 오른 자(왕하21:1)
   ①아합 ②요시야 ③아하스 ④므낫세

6. 사울왕의 딸로 다윗의 아내였으며, 메랍의 동생(삼상14:49)
   ①미갈 ②아비가일 ③밧세바 ④라헬

7. 아론과 모세의 누이(출15:20)
   ①요게벳 ②미리암 ③나오미 ④에스더

8. 아히도벨의 아들 엘리암의 딸로 우리야의 아내였으나 후에 다윗의 아내가 된 자(삼하11:3)
   ①밧세바 ②시바 ③들릴라 ④아비가일

9. 아브라함의 이복누이로 이삭의 모친(창20:12)
   ①리브가 ②나홀 ③사라 ④레아

10. 형은 요압 동생은 아사헬로 다윗의 이종 누이 스루야의 아들(삼하21:15-17)
   ①아비새 ②아셀 ③다니엘 ④사무엘

19. 어느 때인가(2)

1. 솔로몬이 여호와의 전과 자기의 궁궐을 몇 년동안 건축하였나(대하8:1)
①10년　②20년　③30년　④40년

2. 유다왕 웃시야가 그 부친 아마사를 대신하여 왕이된 나이(대하26:1)
①10세　②13세　③16세　④18세

3. 하나님께서 하늘을 만드신 날은 몇 째 날인가(창1:8)
①첫째날　②둘째날　③셋째날　④넷째날

4. 호세아에게 언제 여호와의 말씀이 임하였는가(호1:1)
①여로보암　②여호사밧　③바아사　④여로보암2세

5. 아모스가 언제 여호와의 묵시를 받았는가(암1:1)
①호세아　②웃시야　③아달랴　④시드기야

6. 언제 성인으로 인정을 받는가(레27:2)
①16세　②18세　③20세　④21세

7. 노인으로 인정을 받는 나이는 몇 세 때인가(레27:7)
①55세　②60세　③62세　④65세

8. 인간의 일반적인 수명은 몇 세에서 몇 세까지인가(시90:10)
①60-70세　②65-75세　③70-80세　④90-100세

9. 갈렙이 여호수아에게 여호와께서 말씀하신 산지를 달라고 한 때(수14:10)
①40세　②45세　③80세　④85세

10. 야곱이 바로 앞에 설 때의 나이(창47:9)
①100세　②110세　③120세　④130세

20. 어느 산인가?

1. 엘리야가 바알 선지자들을 이긴 산(왕상18:20)
①호렙산 ②갈멜산 ③시내산 ④아라랏산

2. 모세는 어느 산에서 죽었는가(신32:49)
①시내산 ②모리아산 ③느보산 ④감람산

3. 노아의 방주는 어떤 산에 머물렀나(창8:4)
①모리아산 ②호르산 ③시내산 ④아라랏산

4. 예수께서는 어느 산에서 변형되셨었나(마9:2)
①헬몬산 ②감람산 ③호렙산 ④호르산

5. 모세는 어떤 산에서 부름을 받았는가(출3:1-22)
①에발산 ②길보아산 ③호렙산 ④느보산

6. 아브라함은 이삭을 데리고 어떤 산에 올라갔었나(창22:1-13)
①모리아산 ②아라랏산 ③갈멜산 ④시내산

7. 모세가 율법을 받은 산(출19:11)
①호렙산 ②시내산 ③감람산 ④헬몬산

8. 예수께서 승천하신 산(행1:12)
①에발산 ②호르산 ③감람산 ④시내산

9. 아론이 죽은 산(민20:25-26)
①갈멜산 ②시내산 ③에발산 ④호르산

10. 축복을 선포한 산(신11:29)
①그리심산 ②에발산 ③호렙산 ④시내산

21. 어느 강인가?

1. 야곱이 천사와 씨름한 곳(창32:22)
①기손시내 ②얍복시내 ③요단강 ④비손강

2. 이스라엘 백성이 발로 밟고 건넌 강(수3:14-17)
①요단강 ②얍복강 ③아만나강 ④가나강

3. 출애굽 할 때 이스라엘 백성이 믿음으로 육지 같이 건넌 곳(히11:29)
①을래강 ②그발강 ③기손강 ④홍해

4. 에덴에서 발원한 강이 아닌 것(창2:11-14)
①힛데겔 ②유브라데 ③비손 ④하윌라

5. 나아만이 이스라엘의 모든 강보다 더 낫다고 한 강(왕하5:12)
①기손강 ②아마나강 ③아르뭌강 ④발발강

6. 가데스 바네아를 떠나 여기까지 가는데 삼십 팔년이 걸린 곳(신2:14)
①기손시내 ②얍복시내 ③세렛시내 ④아르논강

7. 에스겔이 이상을 본 곳(겔1:1)
①유브라데 ②기손강가 ③그발강가 ④요단강가

8. 무리를 표류시킨 곳으로 옛 강이라 불리우는 곳(삿5:21)
①요단강 ②기손강 ③얍복강 ④그발강

9. 나아만이 일곱 번 목요한 강(왕하5:14)
①요단강 ②아마나강 ③아르뭌강 ④기손강

10. 다니엘이 이상 중에 본 강(단8:16)
①발발강 ②을래강 ③얍복강 ④기손강

22. 누가 말하였는가(2)

1. 나는 선지자가 아니며 선지자의 아들도 아니요 나는 목자라(암7:14)
①하박국 ②아모스 ③호세아 ④엘리사

2. 내가 여기 있나이다 나를 보내소서(사6:8)
①이사야 ②예레미야 ③에스겔 ④다니엘

3. 이제 내 생명을 취하소서 사는 것보다 죽는 것이 내게 나음이니이다(욘4:3)
①엘리야 ②엘리사 ③요나 ④하박국

4. 우리가 여호와를 알자 힘써 여호와를 알자(호6:3)
①호세아 ②아모스 ③스바냐 ④스가랴

5. 이는 내 뼈 중의 뼈요 살 중의 살이라(창2:23)
①하와 ②노아 ③아담 ④요나단

6. 만일 내가 죽는 일 외에 어머니와 떠나면 여호와께서 내게 벌을 내리시고 더 내리시기를 원하나이다(룻1:17)
①나오미 ②오르바 ③라합 ④룻

7. 주께서 내게 씨를 아니 주셨으니 내 집에서 길리운 자가 나의 후사가 될 것이니이다(창15:4)
①이삭 ②아브라함 ③야곱 ④요셉

8. 하나님의 말씀에 너희는 먹지도 말고 만지지도 말라 너희가 죽을까 하노라 하셨느니라(창3:3)
①여자 ②뱀 ③아담 ④사라

9. 말씀하옵소서 주의 종이 듣겠나이다(삼상3:10)
①엘리사 ②엘리야 ③사무엘 ④기드온

10. 지혜로운 마음을 종에게 주사 주의 백성을 재판하여 선악을 분별하게 하옵소서(왕상3:9)
①다윗 ②사울 ③여로보암 ④솔로몬

23. 숫자(2)

1. 이스마엘이 양피를 밴 때는 몇 살이었나(창17:25)
①일곱살 ②열살 ③열세살 ④열다섯살

2. 히스시야의 자손은 몇 명이었나요(스2:16)
①백 명 ②구십팔 명 ③삼십삼 명 ④이십 명

3. 베드로가 주님의 명령에 따라 그물을 내렸을 때 얼마나 많은 물고기를 잡았나(요21:11)
①일 백 마리 ②이백십 마리 ③일백쉰세 마리 ④이백 마리

4. 기드온이 마지막까지 거느린 사람의 수는 얼마였나(삿8:4)
①삼백 명 ②이백 명 ③일백 명 ④일만 명

5. 홍수가 있을 때 노아가 몇 살이었나(창7:6)
①육백 세 ②칠백 세 ③삼백 세 ④오백 세

6. 엘리야에게 대항했던 바알 선지자는 몇 명이었나(왕상18:19)
①사백 인 ②사백오십 인 ③오백 인 ④팔백 인

7. 예수님을 만난 사마리아 여인에게는 몇 명의 남편이 있었는가(요4:18)
①다섯 ②넷 ③셋 ④둘

8. 로마병정들은 예수님의 옷을 몇으로 나누어 취하였나(요19:23)
①하나 ②둘 ③셋 ④넷

9. 다니엘은 하루에 몇 번씩 무릎을 꿇고 기도했나(단6:10)
①한 번 ②두 번 ③세 번 ④네 번

10. 한 중풍병자를 친구 몇 명이서 메워 지붕을 뚫고 예수 앞에 내려놓았는가(막2:3)
①두 명 ②세 명 ③네 명 ④여섯 명

24. 가라

1. 하나님은 모세를 누구에게 보낸다 하셨나(출3:10)

①바로 ②헤롯 ③아합 ④이스라엘

2. 여호수아와 갈렙은 어디로 갔나(신1:35-38)

①벧엘 ②밟은땅 ③약속의 땅 ④여리고

3. 야곱은 어디로 가자고 했나(창35:1)

①모리아 ②예루살렘 ③니느웨 ④벧엘

4. 다윗은 어디로 가서 블레셋 사람들을 붙잡었는가(삼상23:4)

①그일라 ②유다 ③블레셋 ④아골골짜기

5. 하나님은 예레미야에게 어디로 가라 하셨나(렘18:2)

①피장의 집 ②애굽 ③예루살렘 ④토기장이 집

6. 사무엘은 하나님의 말씀대로 어디에 사는 이새에게로 갔나(삼상16:4)

①베들레헴 ②벧엘 ③미스바 ④이스라엘

7. 아브라함은 아들 이삭을 데리고 어디로 갔었나(창22:2)

①애굽 ②사마리아 ③하란 ④모리아

8. 엘리야는 가뭄 중에 어느 집으로 가 있었나(왕상17:9)

①사렙다 ②요단강 ③바벨론 ④아스돗

9. 요나는 어디로 가서 회개하라고 복음을 전하라 명 받았나(욘1:2)

①다시스 ②니느웨 ③욥바 ④메데

10. 빌립은 어디로 내려가서 예루살렘에 왔다 간 사람을 만났나?

①가사 ②예루살렘 ③에디오피아 ④나사렛(행8:26)

25. 오라

1. 없는 자도 오라 너희는 와서 사먹되 돈 없이 값없이 와서 포도 와 젖을 사라(사55:1)
   ①죄 ②돈 ③물 ④집

2. 수고하고 어떤 자들아 다 네게로 오라 내가 너희를 쉬게 하리라(마11:29)
   ①힘든 죄 ②어려운 자 ③가난한 자 ④무거운 짐진

3. 오라 우리가 어디에 올라가서 야곱의 하나님의 전에 이르자(미4:2)
   ①여호와의산 ②시온산 ③감람산 ④시내산

4. 나를 명하여 물위로 오라 하소서라고 말한 자(마14:28)
   ①안드레 ②요한 ③베드로 ④삭개오

5. 라반은 누구에게 오라 너와 내가 언약을 세워 증거를 삼자 하였나(창31:44)
   ①리브가 ②야곱 ③라헬 ④이삭

6. 사무엘은 백성에게 오라 우리가 어디로 가서 나라를 새롭게 하자라고 했나(삼상11:14)
   ①미스바 ②예루살렘 ③길갈 ④야베스

7. 요나단은 누구에게 오라 우리가 들로 나가자 라고 말했나(삼상20:11)
   ①다윗 ②사울 ③압살롬 ④아히멜렉

8. 아마샤가 누구에게 사자를 보내어 오라 우리가 서로 대면하자 라고 하였나(왕하14:8)
   ①여호아하스 ②예후 ③요아스 ④하사엘

9. 여호와께서 오라 우리가 서로 무엇하자고 하셨나(사1:18)
   ①상담 ②변론 ③판단 ④위로

10. 누가 오라 우리가 여호와께로 돌아가자고 했나(호6:1)
   ①호세아 ②이사야 ③느헤미야 ④요엘

26. 기도에 관하여(1)

1. 예루살렘을 향하여 하루에 세 번씩 무릎을 꿇고 기도한 자(단6:10)
①사무엘 ②다니엘 ③엘리야 ④하니엘

2. 산 꼭대기에서 땅에 꿇어 엎드려 그 얼굴을 무릎사이에 넣고 기도한 자(왕상18:42)
①다니엘 ②사무엘 ③엘리야 ④엘리사

3. 제 육시 기도시간에 지붕에 올라가 기도한 자(행10:9)
①사도바울 ②베드로 ③야고보 ④고넬료

4. 제 구시 기도시간에 성전으로 올라가다가 앉은뱅이를 구한 자(행3:1-6)
①베드로요한 ②바울바나바 ③안드레야고보 ④바울실라

5. 낯을 벽을 향하고 여호와께 기도한 자(왕하20:2)
①아합 ②느부갓네살 ③다리오 ④히스기야

6. 환도뼈가 부서져도 끝까지 기도한 자(창32:24-25)
①이삭 ②에서 ③야곱 ④아브라함

7. 우수와 좌수를 엇 갈리게 하여 자손에게 축복한 자(창48:13-22)
①야곱 ②요셉 ③여호수아 ④빌립

8. 오래동안 속으로 말하고 입술만 동하게 기도한 자(삼상1:13)
①기드온 ②모르드개 ③한나 ④엘리

9. 힘쓰고 애써 더욱 간절히 기도하시니 땀이 땅에 떨어지는 피 방울같이 된 자(눅22:44)
①사무엘 ②다니엘 ③엘리야 ④예수

10. 목을 안고 입을 맞추며 무릎꿇고 모든 사람과 함께 기도한 자(행20:36-38)
①베드로 ②바울 ③바나바 ④아나니아

27. 꿈꾸거나 잠 자는 자(2)

1. 수양과 수 염소에 관한 환상을 본 자(단8:15-18)
   ①에스겔 ②이사야 ③예레미야 ④다니엘

2. 큰 나무에 관한 꿈을 꾼 자(단4:4-18)
   ①아하수에로 ②느부갓네살 ③고레스 ④아닥다스다

3. 자다가 말뚝이 박혀 죽은 자(삿4:21)
   ①시스라 ②바로느고 ③시삭 ④하사엘

4. 집에서 자지 않고 왕궁 문에서 신복들과 함께 잔 자(삼상11:9)
   ①모르두개 ②하만 ③우리아 ④에스겔

5. 네 자손이 이방에서 객이 되어 그들을 섬기겠고 그들은 사 백년 동안 네 자손을 괴롭게 하리라고 잠든 중에 들은 자(창15:12-13)
   ①야곱 ②아브람 ③이삭 ④요셉

6. 너는 삼가 야곱에게 선 악간 말하지 말라 밤에 현몽함을 받은 자(창31:24)
   ①리브가 ②이삭 ③아브라함 ④라반

7. 포도나무에 세 가지가 있고 싹이 나서 꽃이 피고 포도송이가 익었고 포도를 따서 그 즙을 바로의 잔에 짜서 바로의 손에 드린 것을 꿈 꾼 자(창40:9)
   ①떡굽는 자 ②술맡은 자 ③병기맡은자 ④간수장

8. 흰 떡 세 광주리의 식물을 새들이 와서 먹은 꿈을 꾼 자(창40:16)
   ①떡굽는 자 ②술맡은 자 ③병기맡은자 ④간수장

9. 살진 일곱 암소와 흉악하고 파리한 다른 일곱 암소를 꿈 꾼 자(창41:2)
   ①바로 ②야곱 ③요셉 ④다윗

10. 무성하고 충실한 일곱 이삭과 세약하고 동풍에 마른 일곱 이삭의 꿈을 꾼 자(창41:5-7)
   ①느부갓네살 ②바로 ③다리오 ④고레스

28. 과부들

1. 시부인 유다와 관계를 통하여 예수님의 족보에 오른 여자(마1:3)
①라합 ②레아 ③다말 ④하갈

2. 두 며느리 과부와 함께 지내다가 하나는 고향으로 돌려보낸 자(룻1:8)
①오르바 ②나오미 ③도르가 ④뵈뵈

3. 사람들의 속옷을 지어 입혀 주었던 자(행9:36)
①삽비라 ②아굴라 ③드보라 ④도르가

4. 과부된지 84년 동안 성전을 떠나지 아니하고 금식하고 기도한 자(눅2:36)
①시므온 ②안나 ③시바 ④엘리사벳

5. 솔로몬의 신복 느밧의 아내는 누구의 어머니(왕상11:26)
①밧세바 ②시바 ③스루아이 ④들릴라

6. 독자가 죽었으나 예수님이 살려준 과부는 어디 사람인가(눅7:11)
①사마리아 ②갈릴리 ③나인 ④베다니

7. 엘리야때 나무가지를 주워 마지막 음식을 먹고 죽으려던 과부는 어디 사람인가(왕상17:9)
①사르밧 ②수넴 ③사마리아 ④수로보니게

8. 놋 일을 하던 자의 어머니로 납달리 지파 과부의 아들(왕상7:14)
①하만 ②히람 ③나아만 ④기드온

9. 보아스와 결혼한 과부(룻4:10)
①와스디 ②에스더 ③룻 ④나오미

10. 나오미의 며느리며 룻의 동서(룻1:14)
①말론 ②기룐 ③오르바 ④룻

29. 어떤 병인가?

1. 나아만 장군이 걸렸던 병(왕하5:1)
①중풍병 ②문둥병 ③폐병 ④고창병

2. 거지 나사로가 걸렸던 병(눅16:20)
①헌데 ②독종 ③이질 ④열병

3. 디메오의 아들 바디메오의 병(막10:46)
①앉은뱅이 ②중풍병 ③소경 ④문둥병

4. 열 두 해를 앓은 여자로 예수님의 뒤로 와서 겉옷을 만진 자(마9:20)
①귀머거리 ②온역 ③정신병자 ④혈루증

5. 베드로의 장모가 걸렸던 병(마8:14-15)
①열병 ②상사병 ③폐병 ④종기

6. 아가서의 기자가 건포도로 힘을 돕고 사과로 시원케 하라하면서 어떤 병이 났다 했나(아2:5)
①괴혈병 ②상사병 ③피부병 ④벙어리

7. 네명의 친구가 들것에 메고 예수님께 나아와 지붕으로 내린 병자의 병(막2:3)
①문둥병 ②고창병 ③중풍병 ④염병

8. 다윗이 인구조사를 함으로 온 백성에게 임했던 병(삼하24:15-25)
①이질 ②염병 ③온역 ④간질

9. 예수께서 네 이름이 무엇이냐고 물으실 때 군대라고 대답한 이의 병(막5:1-9)
①귀신들림 ②허약함 ③쇠약함 ④종기

10. 더둘로라는 변사가 벨릭스에게 바울이 어떤 병에 걸렸다고 하였나(행24:5)
①독종 ②학질 ③염병 ④온역

30. 크고 작은 도시(2)

1. 사울 왕이 어디에서 왕으로 세움을 받았는가(삼상11:15)
①헤브론 ②예루살렘 ③베들레헴 ④길갈

2. 엘리야는 어디에서 회리바람을 타고 승천하였는가(왕하2:6-11)
①벧엘 ②요단 ③여리고 ④예루살렘

3. 나아만 장군은 어디 사람인가(왕하5:1)
①블레셋 ②미디안 ③아람 ④애굽

4. 여호수아는 어디에서 여호와 앞에서 제비를 뽑아 이스라엘 분파대로 땅을 분배했나(수18:10)
①실로 ②길갈 ③벧엘 ④산헤립

5. 야곱과 라반이 돌기둥을 세우고 약속한 갈르엣의 다른 이름(창31:47-48)
①라마나욧 ②벧엘 ③사마리아 ④미스바

6. 사울 왕이 신접한 여인을 통하여 사무엘을 만난 곳(삼상28:7-14)
①아이 ②여리고 ③엔돌 ④엘림

7. 여호와께서 언어를 혼잡케 하신 곳(창11:9)
①바벨 ②에덴 ③아이 ④유프라데

8. 라헬이 묻힌 에브랏은 어디인가(창48:7)
①여리고 ②헤브론 ③베들레헴 ④예루살렘

9. 야곱의 자손들이 애굽에서 바로에게 얻어 거한 땅(창47:6)
①고센 ②마라 ③엘림 ④기브앗하다와

10. 여호수아가 원방에서 온 사람들인줄 알고 약조를 했던 사람들은 어디 사람인가(수9:3-15)
①블레셋 ②기브온 ③아이 ④여리고

31. 음식물

1. 세례요한이 광야에서 먹었던 음식은 석청과 무엇이었나(마3:4)
   ①개구리 ②메뚜기 ③메추라기 ④양고기

2. 엘리야에게 떡과 고기를 날라준 짐승(왕상17:4)
   ①비둘기 ②까치 ③까마귀 ④당나귀

3. 노아는 어떤 것을 먹고 하체를 보이는 실수를 범하였는가(창9:21)
   ①만나 ②소주 ③꿀 ④포도주

4. 야곱은 에서에게 어떤 음식을 주고 장자의 명분을 빼앗았는가(창25:34)
   ①염소고기 ②포도주 ③팥죽 ④사냥한 고기

5. 이스라엘 민족이 광야에서 먹은 것은 무엇과 메추라기인가(민11:32)
   ①메뚜기 ②만나 ③솔잎 ④포도

6. 기드온이 들은 꿈 이야기 중 어떤 떡이 미디안 진으로 굴러들어갔다 하였나(삿7:13)
   ①보리 떡 ②흰 떡 ③밀가루 떡 ④쌀 떡

7. 벳새다 광야에서 떡 몇 개와 물고기 두 마리로 오 천 명을 먹이셨는가(요6:5-13)
   ①10 개 ②7 개 ③5 개 ④2 개

8. 음식보다 무엇이 더 중요하다고 하셨나(마6:25)
   ①사랑 ②목숨 ③사람 ④예수님

9. 탕자의 비유 중 둘째 아들은 돼지가 먹는 어떤 음식으로 배를 채우고자 하였나(눅15:16)
   ①쥐엄열매 ②무화과 ③구정물 ④찌꺼기

10. 배 오른편에 그물을 내리라는 말씀 따라 내렸을 때 고기 몇 마리를 잡았는가(요21:11)
    ①150 마리 ②152 마리 ③153 마리 ④155 마리

32. 양과 목자에 관하여(2)

1. 내 백성은 잃어버린 양 때로다 라고 말한 선지자(렘50:6)
①예레미야 ②에스겔 ③다니엘 ④느헤미야

2. 라반의 딸로 목자였던 자(창29:9)
①레아 ②라헬 ③리브가 ④십보라

3. 이새의 아들 말째로 양을 지키던 자(삼상16:11)
①다윗 ②삼마 ③엘리압 ④아미나답

4. 누가 아롱진 것과 점 있는 양을 품값으로 받았는가(창30:32)
①다윗 ②야곱 ③모세 ④나단

5. 어느 선지자가 다윗 왕에게 가난한 자의 양 새끼를 빼앗은 부자에 대하여 말했나(삼하12:5)
①나단 ②요압 ③아비새 ④아히도벨

6. 양 백 마리 비유 중 한 마리를 찾기 위하여 목자는 양을 어디에 두었었나(눅15:4)
①우리 ②목장 ③들 ④집

7. 누가 보라 세상 죄를 짊어진 하나님의 어린양이라고 예수님을 소개했나(요1:29)
①요한 ②세례요한 ③마태 ④베드로

8. 어느 성경에 양의 큰 목자이신 주 예수를 말했나(히13:20)
①요한복음 ②베드로전서 ③히브리서 ④야고보서

9. 아들로 제물을 드리려다가 수풀에 걸려 있는 수양을 발견한 자(창22:13)
①야곱 ②아브라함 ③이삭 ④입다

10. 어느 선지자가 어린 양을 그 팔로 모아 품에 안으신다고 예언했었나(사40:11)
①에스겔 ②다니엘 ③호세아 ④이사야

33. 불(2)

1. 어디에 심판의 불이 내렸었나(창19:24)
①소돔고모라 ②가이사랴 ③욥바 ④두로시돈

2. 엘리야는 어디에서 불 수레와 불 말을 타고 승천하였는가(왕하2:11)
①벧엘 ②길갈 ③요단 ④여리고

3. 모세가 소명을 받았을 때 어떤 나무에 불이 붙어 있었는가(출3:2)
①살구나무 ②감람나무 ③뽕나무 ④떨기나무

4. 풀무 불 속에 들어가지 않았던 사람(단3:23)
①메삭 ②아벳느고 ③다니엘 ④사드락

5. 엘리야는 어느 산에서 하늘로 불이 내리게 하였나(왕상18:38)
①호렙산 ②시내산 ③갈멜산 ④느보산

6. 무엇이 곧 불이요 불의의 세계인가(약3:6)
①혀 ②머리 ③허리 ④발

7. 예수께서는 무엇과 불로 세례를 주신다고 요한은 말했나(마3:11)
①사랑 ②성령 ③인애 ④복

8. 형제에게 미련한 놈이라 하는 자는 어떤 불에 들어가게 되는가(마5:22)
①지옥불 ②음부불 ③풀무불 ④진노의 불

9. 누가 기도할 때 하늘로부터 불이 내려와 성전에 가득했나(대하7:1)
①엘리 ②엘리사 ③엘리야 ④솔로몬

10. 거기는 사람마다 불로서 무엇 치듯 함을 받으리라 하셨나(막9:49)
①조미료 ②소금 ③식초 ④물

34. 물

1. 예수께서 가나의 혼인잔치에서 물로 무엇을 만드셨나(요2:9)
①포도주 ②소주 ③감람주 ④독주

2. 물위를 걷다가 빠져 들어가던 자는 누구인가(막6:49-52)
①요한 ②야고보 ③베드로 ④안드레

3. 누가 도끼가 물에 빠져 고민하는 것을 해결해 주었는가(왕하6:5-7)
①엘리 ②엘리사 ③엘리야 ④아마사

4. 제사장들이 법궤를 메고 어느 강을 건넜는가(수3:14-17)
①홍해 ②얍복강 ③갈릴리호수 ④요단강

5. 물이 피로 변화된 재앙은 몇 번 째 재앙인가(출7:20)
①첫번째 ②두번째 ③세번째 ④네번째

6. 어디에서 쓴 물이 단물이 되었는가(출15:22-25)
①엘림 ②마라 ③신광야 ④브엘세바

7. 누가 소금을 물 가운데 던져 물의 질을 좋게 만들었나(왕하2:19-22)
①엘리 ②엘리사 ③엘리야 ④이사야

8. 바닷물이 육지같이 되어 지나간 곳은 어디인가(출14:21-29)
①홍해 ②요단강 ③세일강 ④아르뭇강

9. 소경은 어느 못에 가서 씻어서 나음을 받았는가(요9:6-11)
①베데스다 ②실로암 ③예루살렘 ④길보아

10. 물과 무엇으로 거듭나지 아니하면 하나님 나라에 들어갈 수 없는가(요3:3)
①사랑 ②믿음 ③소망 ④성령

35. 누가 처음인가?

1. 처음으로 성을 쌓은 자(창4:17)
①노아 자손 ②노아 ③아브람 ④가인

2. 수금과 퉁소를 잡은 자의 조상(창4:21)
①야일 ②두발 ③무드셀라 ④유발

3. 육축 치는 자의 조상(창4:20)
①유발 ②야발 ③두발 ④가인

4. 동철로 각양 날카로운 기계를 만든 조상(창4:22)
①므두셀라 ②유발 ③야발 ④두발가인

5. 두 아내를 가졌던 자(창4:23)
①가인 ②아담 ③라멕 ④야곱

6. 여호와의 이름을 부르기 시작한 때의 사람(창4:26)
①노아 ②에노스 ③아담 ④아브람

7. 처음으로 할례를 받은 사람(창17:24)
①아브라함 ②이스라엘 ③이삭 ④집 하인들

8. 소금기둥이 된 사람(창19:26)
①롯 ②룻 ③롯의 처 ④롯의 두 딸

9. 하늘에 올리워 간 자(창5:24)
①므두셀라 ②에녹 ③야렛 ④마할랄렐

10. 외국에 팔린 사람(창337:27)
①요셉 ②르우벤 ③시몬 ④베냐민

36. 구름

1. 무엇 한다고 거짓 자랑하는 자는 비 없는 구름과 바람 같다고 하였나(잠 25:14)
   ①사랑　②성령　③인애　④선물

2. 게하시는 몇 번째 이르러서 손바닥만한 구름이 보인다고 하였나(왕상 18:44)
   ①첫 번째　②두 번째　③네 번째　④일곱 번째

3. 네 무엇을 빽빽한 구름의 사람짐 같이 하신다고 하셨나(사44:22)
   ①죄　②허물　③사망　④욕심

4. 하나님은 노아에게 구름사이에 무엇을 두었다고 하셨는가(창9:13)
   ①로뎀나무　②무지개　③진주　④약속

5. 하나님께서는 구름가운데서 어디 위로 나타나신다 하셨나(레16:2)
   ①번제　②시은소　③보좌　④속죄소

6. 이스라엘 백성들은 구름과 바다에서 무엇을 받았다고 하였나(고전10:2)
   ①구원　②세례　③믿음　④사랑

7. 너희는 자기 몸만 기르는 목자요 바람에 불려 가는 무엇 없는 구름이라 했나(유12)
   ①불　②소금　③물　④이슬

8. 우리에게 구름같이 둘러싼 허다한 무엇이 있는가(히12:1)
   ①사람　②증인　③믿음　④인내

9. 계시록에 보면 하늘에서 누가 구름을 입고 내려오는가(계10:1)
   ①천사　②성령　③예수님　④용

10. 구름타고 오시는 주님을 보고 모든 족속이 그를 인하여 무엇을 한다 하였나(계1:7)
    ①사랑　②애곡　③통곡　④감사

37. 바람

1. 예수께서 제자들에게 믿음이 적은 자들아 하시면서 바람과 무엇을 꾸짖으셨나(마8:26)
   ①바다　②물결　③큰 놀　④물

2. 어떠한 자들이 바람에 밀려 요동하는 자와 같다 하였나(약1:6)
   ①불의　②의심　③불순종　④죄악

3. 무엇으로 난자가 바람이 임의로 불매 그 소리를 들어도 오며 가는지를 모른다했나(요3:8)
   ①사랑　②성령　③인애　④복

4. 언제 하늘로부터 급하고 강한 바람 같은 소리가 있었나(행2:2)
   ①유월절　②초막절　③나팔절　④오순절

5. 에스겔에서 바람이 얼마를 흩으린다 하였나(겔5:2)
   ①이분의 일　②삼분의 일　③사분의 일　④칠분의 일

6. 자기 집을 해롭게 하는 자의 무엇이 바람인가(잠11:29)
   ①지혜　②보응　③소득　④은총

7. 어디 아래서 행하는 모든 일을 본즉 다 헛되이 바람을 잡으려는 것이다 했나(전1:14)
   ①해　②달　③별　④세상

8. 바울이 이달리야로 가다가 바람의 거스림을 피하여 어느 해안을 의지하고 행선 했나(행27:4)
   ①안디옥　②구브로　③바보　④살라미

9. 천사들에 관하여서는 무엇으로 그의 사역자들은 불꽃으로 삼으셨나(히1:7)
   ①사랑　②성령　③바람　④불

10. 여호와께서 어떤 바람을 일으켜서 하수를 쳐서 일곱 갈래로 나누시는가(사11:15)
   ①찬 바람　②강한 바람　③뜨거운 바람　④연한 바람

38. 누가 시험을 했거나 당했나?

1. 선생님이여 율법 중에 어느 계명이 크니이까(마22:36)
①바리새인 ②사두개인 ③율법사 ④유대인

2. 너희가 어찌 함께 꾀하여 주의 영을 시험하려 하느냐(행5:9)
①아나니아와 삽비라 ②브리스길라와 아굴라 ③헤롯과 헤로디아

3. 믿음으로 저희가 홍해를 육지같이 건넜으나 이들은 이것을 시험하다가 빠져 죽었다.(히11:29)
①이스라엘 백성들 ②애굽 사람들 ③바로의 군대

4. 나로 다시 한 번 양털로 시험하게 하소서 양털만 마르고 사면 땅에는 다 이슬이 있게 하옵소서(삿6:39)
①삼손 ②입다 ③기드온 ④드보라

5. 여호와의 이름으로 말미암은 솔로몬의 명예를 듣고 와서 어려운 문제로 저를 시험코저 함(왕상10:1)
①이세벨 ②스바 여왕 ③밧세바 ④에디오피아 여왕

6. 당신 앞에서 우리의 얼굴과 왕의 진미를 먹는 소년들의 얼굴을 비교하여 보아서 보이는 대로 종들에게 처분하소서(단1:13)
①다니엘 ②이사야 ③에스겔 ④예레미야

7. 여호와를 시험하여 이르기를 여호와께서 우리 중에 계신가 아닌가 하였음이더라(출17:7)
①이스라엘 자손들 ②애굽 사람들 ③가나안 사람들 ④블레셋 사람들

8. 예수를 시험하여 하늘로서 오는 표적을 보이기를 청하니(마16:1)
①바리새인과 사두개인 ②바리새인과 서기관들 ③사두개인과 유대인들

9. 우리가 어디서 떡을 사서 이 사람들로 먹게 하겠느냐 하시고 그를 시험코저 하심(요6:6)
①아나니아 ②안드레 ③빌립 ④마태

10. 네 아들 네 사랑하는 독자 이삭을 데리고 모리아 땅으로 가서 내가 네게 지시한 산 거기서 그를 번제로 드리라(창22:1)
①야곱 ②아브라함 ③사라 ④이스마엘

39. 숫자(3)

1. 아브라함은 소돔에 대하여 하나님께 간구 할 때 맨 처음 몇 명을 말했나(창18:28)
   ①열 명 ②이십 명 ③삼십 명 ④오십 명

2. 보아스는 룻에게 보리를 몇 번 되어 주었는가(룻3:15)
   ①두 번 ②세 번 ③여섯 번 ④일곱 번

3. 바로의 꿈 중에서 요셉이 해몽한 꿈에는 살진 소와 충실한 이삭이 각 몇인가(창41:2,5)
   ①일곱 ②여섯 ③다섯 ④넷

4. 예수님께서는 제자 몇을 세우셨는가(막3:14)
   ①열 ②열하나 ③열둘 ④일곱

5. 베데스다 연못가에는 몇 년 된 병자가 있었는가(요5:5)
   ①십팔 년 ②이십사 년 ③삼십팔 년 ④삼십구 년

6. 요셉은 이스마엘 사람에게 얼마에 팔리었나(창37:28)
   ①십 ②이십 ③삼십 ④사십

7. 바울을 죽이기로 동맹한 사람은 몇 명이었는가(행23:13)
   ①십여 명 ②이십여 명 ③삼십여 명 ④사십여 명

8. 노아 때 며칠 주야로 비가 내려 홍수가 되었나(창7:4)
   ①일백 주야 ②삼십 주야 ③사십 주야 ④열흘 주야

9. 용서는 몇 번씩 일곱 번이라도 하라고 하셨나(마18:22)
   ①일곱 번 ②열일곱 번 ③일흔 번 ④스물두 번

10. 갈렙은 여호수아에게 내 나이 얼마인데 약속한 산지를 달라하였나(수14:10)
   ①일흔 ②사십 ③팔십 ④팔십오

40. 전쟁

1. 기드온의 삼 백 용사는 어디 사람들을 이기었는가(삿7:28)
①미디안 ②블레셋 ③아람 ④애굽

2. 아론과 훌은 모세의 두 손을 받들어 주어 어디를 이기게 했나(출17:10)
①블레셋 ②아말렉 ③미디안 ④바벨론

3. 다윗이 골리앗을 이겼는데 골리앗은 어디 사람인가(삼상17:17)
①블레셋 ②아말렉 ③미디안 ④바벨론

4. 이삭은 어디 사람에게 우물을 여러 번 양보하였었나(창26:18)
①미디안 ②바벨론 ③블레셋 ④아멜렉

5. 여호수아는 어느 성을 돌아서 이기었는가(수6:1)
①아이성 ②여리고성 ③애굽성 ④도피성

6. 이스라엘 사람들은 어느 사람과 싸울 때에 하나님의 궤를 빼앗겼나(삼상5:1)
①블레셋 ②아말렉 ③미디안 ④바벨론

7. 에스더는 어디에서 죽으면 죽으리라 하고 민족을 구하였나(에4:16)
①매대 ②바벨론 ③애굽 ④바사

8. 다니엘은 어느 나라에 포로로 잡혀갔었나(단1:1)
①블레셋 ②아말렉 ③미디안 ④바벨론

9. 모세는 이스라엘 백성을 어느 나라로부터 구출해 냈나(출3:11)
①애굽 ②블레셋 ③바벨론 ④매사

10. 왼손잡이 에훗 사사는 어느 나라 왕 에글론을 죽이었나(삿3:17)
①모압 ②세겜 ③앗시리아 ④바벨론

41. 어떻게 죽었나?

1. 예수님의 제자 야고보(행12:2)
①칼로 ②병으로 ③돌에 맞아 ④옥에 갇혀

2. 스데반(행7:59)
①칼로 ②병으로 ③돌에 맞아 ④옥에 갇혀

3. 세례 요한(마14:3)
①자살 ②목베임 ③돌에 맞아 ④옥에 갇혀

4. 사울 왕(삼상31:1-6)
①자살 ②병으로 ③포로로잡혀 ④옥에 갇혀

5. 엘리사(왕하13:14)
①칼로 ②병으로 ③돌에 맞아 ④옥에 갇혀

6. 삼손(삿6:22-31)
①자살 ②병으로 ③칼로 ④옥에 갇혀

7. 헤롯(행12:23)
①자살 ②칼 ③충에 ④병으로

8. 가룟 유다(마26:14)
①칼로 ②자살 ③돌에 맞아 ④옥에 갇혀

9. 엘리(삼상4:18-22)
①칼로 ②병으로 ③목이 부러져 ④옥에 갇혀

10. 여호야다(대하24:15)
①칼로 ②병으로 ③돌에 맞아 ④나이많아

42. 구약의 여인(2)

1. 90세에 아들을 낳은 자(창21:1-7)
①리브가 ②사라 ③요게벳 ④미리암

2. 모세의 누이로 선지자 였던 여인(민26:59)
①미리암 ②요게벳 ③다말 ④리브가

3. 야곱과 레아의 딸로 큰 비극을 부른 여인(창30:21)
①라헬 ②디나 ③이세벨 ④고멜

4. 라반의 조카로 이삭과 결혼하여 쌍둥이를 낳은 여인(창24:45-49)
①리브가 ②사래 ③라헬 ④레아

5. 사울왕과 아히노암의 둘째 딸로 다윗의 부인이었던 여인(삼상18:17-27)
①미갈 ②밧세바 ③아비가일 ④이세벨

6. 죽으면 죽으리라 하고 왕앞에 나가 민족을 구한 여인(에2:5-7)
①와스디 ②드릴라 ③에스더 ④시바

7. 나오미의 며느리로 말론의 아내였던 자로 나오미를 떠난 여인(룻1:8-14)
①룻 ②오르바 ③다말 ④호르바

8. 모세의 어머니(출2:3)
①요게벳 ②유니게 ③리브가 ④미리암

9. 아합왕의 아내로 철저하게 사악했던 여인(왕상16:31)
①와스디 ②에스더 ③아비가일 ④이세벨

10. 소금기둥이 된 여인(창19:26)
①이세벨 ②롯의 딸 ③롯의 조카 ④롯의 처

43. 어떤 소리인가?

1. 아담은 동산에서 어떤 소리를 듣고 내가 벗었으므로 두려워하여 숨었다 고 하였나(창3:10)
①하나님 ②바람 ③물결 ④뱀

2. 하나님께서는 가인에게 아우의 무슨 소리가 땅에서부터 내게 호소한다 고 하셨나(창4:10)
①아벨 ②원망 ③핏 ④불평

3. 하나님께서 하갈에게 어떤 소리를 들으셨다 하셨나(창21:17)
①사람 ②아이 ③천사 ④슬픔

4. 여리고 성을 돌다가 어떤 소리가 들릴 때 백성은 큰소리로 외쳐 부르라 했나(수6:5)
①북 ②노래 ③악기 ④나팔

5. 주께서 호령과 누구의 소리와 하나님의 나팔로 친히 하늘로 좇아 강림 하시나(살전4:16)
①천사장 ②왕 ③예수 ④성령

6. 발람이 바른 길을 떠나 미혹 받을 때 말 못하는 나귀가 어떤 소리로 말 하였나(벧후2:16)
①짐승 ②하나님 ③사람 ④천사

7. 목자의 어떤 소리가 남이여 그 영화로운 것이 훼멸되었다 하였나(슥11:3)
①곡 ②탄식 ③불평 ④슬픔

8. 어떤 소리를 들을 때에 엎드리어 느부갓네살왕의 세운 금 신상에 절하 라 했나(단3:5)
①나팔 ②악기 ③북 ④노래

9. 어떤 소리가 결코 다시 네 가운데서 들리지 아니한다고 하지 아니한 것 (계18:22)
①천사장 ②거문고 ③풍류 ④맷돌

10. 어떤 소리를 들은즉 많은 물소리와도 같으며 전능자의 음성과도 같았 는가(겔1:24)
①날개 ②군대 ③백성 ④생명

44. 내려간 것과 내려간 곳

1. 바로의 딸이 목욕하러 어디로 내려갔나(출2:5)
   ①바닷가 ②하수 ③궁궐 ④웅덩이

2. 예레미야는 일어나 어디로 내려가라 명받았는가(렘18:2)
   ①어부의 집 ②하수 ③성전 ④토기장이 집

3. 요나가 어디로 내려갔을 때 마침 다시스로 가는 배를 만났나(욘1:3)
   ①욥바 ②니느웨 ③애굽 ④예루살렘

4. 엘리야의 기도는 갈멜 산에서 무엇을 내려오게 하였나(왕상18:38)
   ①성령 ②불수레 ③홍수 ④여호와의 불

5. 예수께서 세례를 받으실 때 어떤 모양의 성령이 내려 왔는가(막1:10)
   ①독수리 ②비둘기 ③까마귀 ④별

6. 강도 만난 사람은 어디로 내려가다가 강도를 만났나(눅10:30)
   ①예루살렘 ②여리고 ③사마리아 ④유대

7. 베데스다 못에는 무엇이 가끔 못에 내려왔다고 하였나(요5:4)
   ①천사 ②성령 ③불 ④비

8. 어떤 자를 지붕을 뜯어 예수 앞으로 내렸는가(막2:4)
   ①앉은뱅이 ②소경 ③벙어리 ④중풍병자

9. 좋은 은사와 선물은 다 위로부터 누구의 아버지께로 내려오는가(약1:17)
   ①바람 ②빛 ③소금 ④창조주

10. 흙 속에서 쉴 때에는 무엇이 음부 문으로 내려 갈 뿐이라 하였나(욥17:16)
    ①사랑 ②믿음 ③소망 ④기쁨

45. 숫자(4)

1. 예수께 향유를 부은 자의 그 값은 얼마나 되었는가(막14:5)
①일백 데나리온 ②이백 데나리온 ③삼백 데나리온 ④사백 데나리온

2. 안나 선지자는 과부 된 지 얼마 되었을 때 아기예수를 만났나(눅2:37)
①팔십년 ②팔십사년 ③팔십오년 ④칠십사년

3. 오병이어의 기적이 있을 때 빌립은 얼마의 돈이 필요하다고 생각하였는가(막6:37)
①일백 데나리온 ②이백 데나리온 ③삼백 데나리온 ④사백 데나리온

4. 주께서 달리 몇을 세워 둘씩 전도케 하셨는가(눅10:1)
①열둘 ②일백이십 ③칠십 ④팔십

5. 이삭은 몇살 때 리브가를 아내로 맞이하였는가(창25:20)
①삼십 ②사십 ③오십 ④이십

6. 요셉이 바로 앞에 설 때가 몇 살이었는가(창41:46)
①삼십 ②사십 ③오십 ④이십

7. 계시록에 나타난 장로는 몇이나 되는가(계4:4)
①십이 ②이십사 ③삼십육 ④사십팔

8. 실로암 망대가 무너져 죽은 사람은 몇이나 되었는가(눅13:4)
①열여덟 ②열아홉 ③스물둘 ④삼십

9. 성령의 열매는 몇 가지인가(갈5:22-23)
①열둘 ②열 ③아홉 ④여덟

10. 이스라엘 자손의 지파는 몇인가(계21:12)
①열 ②열둘 ③열다섯 ④열셋

46. 손을 든 사람들

1. 아비의 손을 들어 아들의 머리로 옮기려고 했던 자(창48:17)
   ①이삭 ②야곱 ③요셉 ④아브라함

2. 이가 손을 들면 이스라엘이 이기고 내리면 졌던 자(출17:11)
   ①모세 ②아론 ③훌 ④이스마엘

3. 손을 들어 여호와의 기름부음을 받은 자를 치면 죄가 없겠느냐고 한 자(삼상26:9)
   ①이삭 ②사무엘 ③사울 ④다윗

4. 솔로몬의 신복 느밧의 아들 누가 손을 들어 왕을 대적하였나(왕상11:26)
   ①스루아 ②여로보암 ③아스다롯 ④하닷

5. 누가 주의 성소를 향하여 나의 손을 들고 주께 부르짖는다고 하였나(시28:2)
   ①솔로몬 ②야곱 ③다윗 ④아브라함

6. 누구를 위하여 주를 향하여 손을 들지어다라고 하였나(애2:19)
   ①어린자녀 ②온나라 ③백성 ④이스라엘

7. 누가 베다니 앞까지 나가사 손을 들어 저희에게 축복 하셨나(눅24:50)
   ①바울 ②바나바 ③예수 ④베드로

8. 교회 중 몇을 죽이려고 손을 든 자(행12:1)
   ①바리새인 ②사두개인 ③바로 ④헤롯

9. 각처에서 누가 분노와 다툼이 없이 거룩한 손을 들어 기도하기를 원하였나(딤전2:8)
   ①여자들 ②남자들 ③사도들 ④전도자들

10. 속옷과 겉옷을 찢은대로 무릎을 꿇고 나의 하나님 여호와를 향하여 손을 들고 간구한 자(스9:5)
   ①에스라 ②에스더 ③느헤미야 ④예레미야

47. 기도에 대하여(2)

1. 시험에 들지 않게 깨어 있어 기도하라 마음에는 원이로되 육신이 약하도다 한 자(마26:41)
①베드로 ②예수 ③세례요한 ④시므온

2. 기도하기를 쉬는 죄를 여호와 앞에 결단코 범치 아니하리라 한 자(삼상12:23)
①사무엘 ②다니엘 ③엘리야 ④하니엘

3. 의인 오십부터 의인 열 명까지 하나님께 간구한 자(창18:22-33)
①이삭 ②아브라함 ③야곱 ④요셉

4. 그가 옥에 갇혔을 때 교회는 그를 위하여 간절히 하나님께 빌도록 한 자(행12:5)
①바울 ②세례요한 ③베드로 ④야고보

5. 그가 비오지 않기를 간절히 기도한즉 삼년 육개월 동안 땅에 비가 오지 않았다(약5:17)
①사무엘 ②다니엘 ③엘리야 ④엘리사

6. 죽으면 죽으리라 각오하고 기도한 자(에4:16)
①사드락 ②에스더 ③엘리야 ④모르드개

7. 물고기 뱃속에서 기도한 자(욘2:1)
①요나 ②에스겔 ③다니엘 ④호세아

8. 깊은 구덩이에서 주의 이름을 부른 자(애3:55)
①에스겔 ②예레미야 ③미가 ④나훔

9. 서서 따로 기도하는 자(눅18:11)
①세리 ②사두개인 ③바리새인 ④창기

10. 밤마다 눈물로 내 침상을 띄우며 내 요를 적신다고 한 자(시6:6)
①솔로몬 ②다윗 ③사울 ④모세

48. 병자(2)

1. 어디 과부의 아들에게 청년아 내가 네게 말하노니 일어나라 하시매 일어났는가(눅7:14)
   ①갈릴리 ②유다 ③사마리아 ④나인

2. 예수께서 누구를 고치실 때 귀신의 왕 바알세블을 힘입어 좇는다고 들으셨나(눅11:14-15)
   ①벙어리 ②소경 ③귀머거리 ④앉은뱅이

3. 예수의 뒤로 와서 옷가에 손을 댐으로 나은 자(마9:20-22)
   ①소경 ②혈루증 ③앉은뱅이 ④문둥병

4. 야이로의 딸을 살리실 때 예수께서 하신 말씀(막5:41)
   ①에바다 ②실로암 ③달리다굼 ④고르반

5. 상아래 개들도 부스러기를 먹나이다라고 말한 여자는 어느 족속인가(막7:24-30)
   ①사마리아 ②수가 ③수로보니게 ④유다

6. 눈에 침을 뱉으며 안수하여 낫게 한 소경은 어디 사람인가(눅8:22-26)
   ①갈릴리 ②벳새다 ③가버나움 ④여리고

7. 제자들이 능히 고치지 못한 병으로 자주 불에 넘어지고 물에도 넘어진 병(마17:14-20)
   ①간질병 ②소경 ③벙어리 ④귀신들린자

8. 열명을 고쳤지만 감사한 사람은 한 사람뿐이었던 병자(눅17:11-19)
   ①앉은뱅이 ②문둥병 ③중풍병 ④소경

9. 날때부터 소경이었던 자를 어디로 가서 씻으라고 명하셨나(요9:1-12)
   ①성전미문 ②제사장 ③실로암 ④베데스다

10. 죽은지 나흘이 되어 냄새가 나는 자를 살리셨는데 그의 이름(요11:1-44)
    ①마리아 ②나사로 ③나사렛 ④마르다

49. 어떤 동물과 관계있는가?

1. 다니엘이 들어갔던 굴(단6:16)
①사자 ②호랑이 ③뱀 ④도마뱀

2. 열 재앙 중 처음 나온 동물(출8:2)
①이 ②메뚜기 ③개구리 ④파리

3. 노아의 방주에서 맨 처음 나간 새(창8:7)
①비둘기 ②까마귀 ③매 ④독수리

4. 무엇에게서 지혜를 배우라 하였나(잠30:24)
①개미 ②당아새 ③나귀 ④도마뱀

5. 베드로는 어떤 동물의 소리를 듣고 통곡하였나(막13:35)
①참새 ②소 ③닭 ④양

6. 발람 선지자는 어떤 동물의 소리를 들었는가(민22:28-33)
①나귀 ②노새 ③약대 ④말

7. 아브람이 제물중 새를 쪼개지 아니할 때 어떤 것이 그 사체 위에 내렸나(창15:11)
①독수리 ②매 ③솔개 ④제비

8. 엘리야에게 음식을 가져다 주었던 동물(왕상17:4-7)
①잔나비 ②사슴 ③메추라기 ④까마귀

9. 하와를 범죄케 했던 동물(창3:1)
①뱀 ②용 ③사자 ④벼룩

10. 세례요한은 자기에게 세례를 받으러 나오는 바리새인과 사두개인들에게 어떤 동물의 자식들이라 하였나(마3:7)
①박쥐 ②개 ③독사 ④뱀

50. 다음 말의 뜻이나 원어는?

1. 하나님이 우리와 함께 계시다(마1:23)
①할렐루야 ②임마누엘 ③샬롬 ④아멘

2. 랍오니(요20:16)
①선생님 ②제자들 ③사도들 ④주여

3. 너희는 내 백성이 아니요 나는 너희 하나님이 되지 아니할 것임이니라(호1:9)
①로루하마 ②이스르엘 ③로암미 ④호세아

4. 왕이 저울에 달려서 부족함이 뵈었다 함이요(단5:27)
①메네 ②데겔 ③우바르신 ④라마

5. 하나님께 드림이 되었다(막7:11)
①고르반 ②에바다 ③실로암 ④사르밧

6. 보냄을 받았다(요9:7)
①에바다 ②다메섹 ③실로암 ④길르앗

7. 내가 다시는 이스라엘 족속을 긍휼히 여겨서 사하지 않을 것임이니라(호1:6)
①로루하마 ②이스르엘 ③로암미 ④호세아

8. 골고다(마27:33)
①십자가 ②해골의 곳 ③감옥 ④죽음의 곳

9. 하나님이 이미 왕의 나라의 시대를 세어서 그것을 끝나게 하셨다(단5:26)
①메네 ②데겔 ③우바르신 ④라마

10. 에바다(막7:34)
①열리라 ②찾으라 ③구하라 ④드려라

51. 식물과 관계 되는 것

1. 삭개오가 올라갔던 나무(눅19:4)
①돌 무화과나무 ②살구나무 ③무화과 ④감람나무

2. 나다나엘은 어느 나무 아래 앉아 있었는가(요1:48)
①대추나무 ②사과나무 ③무화과 ④백향목

3. 엘리야는 어느 나무 아래서 죽기를 원했나(왕상19:4)
①회향목 ②살구나무 ③로뎀나무 ④종려나무

4. 다음 중 야곱이 이용하여 양에게 얼룩이 생기게 한 나무가 아닌 것(창30:37)
①신풍나무 ②버드나무 ③살구나무 ④사과나무

5. 에덴동산 중앙에 있던 나무(창3:22-24)
①무화과 ②영생나무 ③생명나무 ④사과나무

6. 요나는 무엇이 해를 가리다가 없어짐으로 불평을 하였나(욘4:6)
①박넝쿨 ②호박넝쿨 ③등나무 ④디르사나무

7. 노아는 어떤 나무로 방주를 만들었는가(창6:14)
①소나무 ②밤나무 ③잣나무 ④감나무

8. 예수은 어떤 나무라 하시면서 우리는 가지라 하셨나(요15:1)
①포도나무 ②상수리나무 ③석류나무 ④백향목

9. 예수께서 어떤 나무를 저주 하셨나(막11:21)
①잣나무 ②밤나무 ③살구나무 ④무화과나무

10. 성전 기구는 어떤 나무로 만들었는가(왕상6:23)
①감람나무 ②백향목 ③잣나무 ④소나무

52. 누구의 집인가?

1. 예수께서 돌 무화과나무에 올라갔던 사람의 집(눅19:1-10)
①베드로 ②안드레 ③니고데모 ④삭개오

2. 두아디라 성에서 자주장사를 하던 여인의 집(행16:14)
①빌립 ②바비다 ③루디아 ④마리아

3. 데살로니가에 있던 사람들이 바울과 실라를 찾으려고 달려들어 들어 간 집(행17:5)
①고넬료 ②야손 ③다대오 ④아굴라

4. 멜리데 섬의 제일 높은 사람의 집(행28:7)
①보블리오 ②레기온 ③알렉산더 ④뵈닉스

5. 내 아비의 집에서 가장 작은 자라고 말한 이(삿6:15)
①삼손 ②기드온 ③입다 ④므낫세

6. 너 와 네 집은 방주로 들어가라 명을 받은 자(창7:1)
①아브라함 ②이삭 ③노아 ④야곱

7. 옥합을 가지고 와 부은 문둥이 집(마26:6)
①시몬 ②마르다 ③빌라도 ④니고데모

8. 아가야의 첫 열매인 사람의 집(고전16:15)
①브드나도 ②이가이고 ③스데바나 ④디모데

9. 회당장의 아이를 다시 살리셨던 집(막5:22)
①야이로 ②스데바나 ③안나스 ④가야바

10. 내 집에 들어오심을 나는 감당치 못하겠다고 말한 사람의 직업(마8:8)
①제자 ②세리 ③공무원 ④군인

53. 달리는 사람들

1. 달려와 안고 목을 어긋맞추고 입 맞춘 자(창33:4)
①야곱 ②삭개오 ③고멜 ④에서

2. 입맞춤을 당하고 아버지께 달려와 아버지의 생질을 알린 자(창29:12)
①레아 ②라헬 ③리브가 ④십보라

3. 급히 달려가서 남편에게 전일에 오셨던 이가 나타났다라고 말한 자(삿13:10)
①딤나여인 ②마노아의 부인 ③드보라 ④들릴라

4. 엘리에게로 달려가 여기 있나이다라고 말한 자(삼상3:4-5)
①사무엘 ②홉니 ③비느하스 ④게하시

5. 허리를 동이고 이스르엘로 들어가는 곳까지 달려 간 자(왕상18:46)
①엘리사 ②엘리야 ③이사야 ④사무엘

6. 빨리 달리며 손을 주머니에 넣어 물매를 던진 자(삼상17:48-49)
①요나단 ②솔로몬 ③다윗 ④삼손

7. 멀리서 예수를 보고 달려와 절하며 당신이 나와 무슨 상관이 있느냐고 한 사람(막5:6)
①귀신들린 자 ②소경 ③앉은뱅이 ④나병환자

8. 둘이 달렸지만 베드로보다 더 빨리 무덤에 이른 자(요20:4)
①안드레 ②야고보 ③요한 ④빌립

9. 앞으로 달려나가 돌무화과 나무에 오른 자(눅19:4)
③삭개오 ②니고데모 ③유두고 ④야고보

10. 달려가 선지자 이사야의 글을 깨닫게 해 준 자(행8:30)
①베드로 ②에디오피아 내시 ③빌립 ④스데반

54. 농사와 관계있는 자

1. 열두 겨릿소를 앞세우고 밭을 갈던 자(왕상19:19)
①엘리야 ②엘리사 ③이사야 ④하바국

2. 상수리 나무 아래서 밀을 포도주 틀에서 타작하던 자(삿6:11)
①삼손 ②기드온 ③에훗 ④돌라

3. 광야에 망대를 세우고 물웅덩이를 파고 가축을 기르며 농사를 좋아 한 자(대하26:9-10)
①요아스 ②여호야다 ③웃시야 ④요담

4. 농사를 시작하여 포도나무를 심은 자(창9:20)
①에녹 ②가인 ③므두셀라 ④노아

5. 밭을 가지고 있으며 이삭을 줍도록 내버려 둔 자(룻2:3)
①보아스 ②나오미 ③룻 ④오르바

6. 농사하여 그 해에 백배나 얻은 자(창26:12)
①야곱 ②에서 ③이삭 ④아브라함

7. 맨 처음 농사하던 자(창4:2)
①아담 ②가인 ③아벨 ④셋

8. 사마리아 왕 아합의 왕궁 가까이에 포도원을 가지고 있던 자(왕상21:1)
①이세벨 ②나봇 ③여로보암 ④여호사밧

9. 압살롬의 종들이 누구의 밭에 불을 질렀나(삼하14:30)
①아비엘 ②후새 ③요압 ④잇대

10. 자신을 위하여 포도원, 동산 과원을 만들고 과목과 수목을 기른 자(전2:4-6)
①다윗 ②사울 ③웃시야 ④솔로몬

55. 가르친 자

1. 바울의 유명한 스승(행22:3)
   ①바나바　②베드로　③디모데　④가말리엘

2. 누가 에스라에게 하나님의 지혜를 따라 재판하고 알지 못하는 자에게 가르치라 했나(에7:25)
   ①아닥사스다　②슬로밋　③아도나감　④비그왜

3. 어떤 두 사람이 성소에 쓸 것을 지혜와 총명과 지식으로 만들었나(출29:30, 36:1)
   ①아나니아와 삽비라　②브리스길라와 아굴라　③홉니와 비느하스
   ④브살렐과 오홀리압

4. 사로 잡은 제사장에게 벧엘에 살며 여호와 경외할 것을 가르치라 명한 자(왕하17:27-28)
   ①히스기야　②앗수르왕　③호세아　④아하스왕

5. 누가 왕위에 있은 지 삼년이 되었을 때 사람들을 보내어 율법책 가르치게 하였나(대하17:7-9)
   ①아합　②아사　③여호사밧　④아하시야

6. 브리스길라와 아굴라가 누구에게 하나님의 도를 가르쳤는가(행18:24-28)
   ①아볼로　②바나바　③빌립　④실라

7. 두란노 사원에서 날마다 강론 한 자(행19:9)
   ①베드로　②바울　③안드레　④요한

8. 나병에 대해서는 누가 가르치는 대로 지키고 명령하는 대로 지키라 했나(신24:8)
   ①모세　②아론　②제사장　④선지자

9. 마땅히 행할 길을 누구에게 가르치라 했나(잠22:6)
   ①노인　②젊은이　③아이　④청년

10. 누구에게 너는 그들에게 엄히 경고하고 그들을 다스릴 왕의 제도를 가르치라 했나(삼상8:9)
    ①사무엘　②엘리야　③이사야　④엘리사

56. 잠과 관계있는 자

1. 여호와께서 깊이 잠들게 하신 후 갈빗대 하나를 취한 자(창2:21)
①하와 ②아담 ③아벨 ④가인

2. 자다가 관자놀이에 말뚝이 박힌 자(삿4:21)
①시스라 ②야엘 ③야빈 ④바락

3. 배 밑층에 내려가 누워 깊이 잠이 든 자(욘1:5)
①요나 ②베드로 ③느헤미야 ④유다

4. 돌을 가지고 베개를 삼고 자다가 천사들을 본 자(창28:11)
①에서 ②이삭 ③여호수아 ④야곱

5. 왕궁 문에서 부하들과 더불어 잔 자(삼하 11:9)
①요압 ②우리야 ③느헤미야 ④삼손

6. 두 군인 틈 사이에서 쇠사슬에 매여 잠자던 자(행12:6)
①아볼로 ②바나바 ③베드로 ④실라

7. 얼굴을 땅에 대고 엎드려 깊이 잠들 때 어루만져 일으킴을 당한 자(단8:18)
①이사야 ②다니엘 ③압살롬 ④요나단

8. 슬픔으로 인하여 잠든 자들(눅22:45)
①백성들 ②제자들 ②제사장들 ④바리새인들

9. 잠자는 중에 주의 천사가 나타나 현몽하여 피난하라 명받은 자(마2:13)
①마리아 ②엘리사벳 ③요셉 ④목자들

10. 여자의 무릎을 베고 잠들다가 머리털 일곱 가닥을 밀린 자(삿16:19)
①삼손 ②요나 ③입다 ④돌라

57. 세례

1. 마술을 행하던 사람으로 세례를 받은 후, 빌립을 따라 다닌 자(행8:12-13)
①시몬 ②아볼로 ③야손 ④스다구

2. 우리 조상들이 다 구름 아래 있고 바다가운데로 지나며 세례를 받았다고 말한 자(고전10:1-2)
①베드로 ②야고보 ③바울 ④실라

3. 두아디라에 사는 자색 옷감 장사로 그와 그 집이 다 세례를 받은 자(행16:15)
①다비다 ②뵈뵈 ③요게벳 ④루디아

4. 사울은 눈에서 비늘 같은 것이 떨어지고 누구에게 세례를 받았는가(행9:18)
①안드레 ②베드로 ③아나니아 ④요한

5. 이달리야 백부장으로 베드로를 초청하여 세례를 받은 자(행10:48)
①고넬료 ②아리마데 ③니고데모 ④에베네도

6. 누가 에디오피아 내시에게 성경을 풀어주고 세례를 베풀었나(행8:38)
①아볼로 ②바나바 ③베드로 ④빌립

7. 바울과 실라를 데려다가 맞은 자리를 씻어주고 세례를 받은 자(행16:33)
①간수장 ②로마병정 ③사두개인 ④바리새인

8. 회개하라며 요단강에서 세례를 베푼 자로 예수에게 세례를 베푼 자(마3:16)
①베드로 ②세례 요한 ②니고데모 ④가말리엘

9. 베드로와 열 한 사도의 설교를 들은 후 그 날에 세례 받은 신도의 수(행2:41)
①이천 ②일천 ③삼천 ④오천

10. 요한의 세례만 알던 자(행18:25)
①아볼로 ②브리스길라 ③아굴라 ④다비다

58. 사자와 관계있는 자

1. 사자나 곰이 양떼에서 새끼를 움키면 달려들어 그 입에서 건져내 던 자(삼상17:34)
①삼손 ②다윗 ③다니엘 ④솔로몬

2. 손에 아무것도 없어도 사자를 염소 새끼를 찢음같이 찢은 자(삿14:6)
①삼손 ②다윗 ③다니엘 ④솔로몬

3. 사자의 이와 암사자의 어금니를 본 사람(요1:6)
①삼손 ②다윗 ③다니엘 ④요엘

4. 계시록에 유다 지파의 사자 누구의 뿌리가 이기었다고 했나(계5:5)
①삼손 ②다윗 ③다니엘 ④솔로몬

5. 다윗은 누구의 아버지와 아들이 독수리보다 빠르고 사자보다 강하였다고 하였나(삼하1:23)
①삼손과 드릴라 ②사울과 요나단 ③야곱과 유다 ④모세와 여호수아

6. 무엇이 우는 사자와 같이 두루 다니며 삼킬 자를 찾는다 하였나(벧전5:8)
①천사 ②원수들 ③마귀 ④사단

7. 야곱의 아들 중에서 누가 사자의 새끼라고 불리웠나(창49:9)
①요셉 ②베냐민 ③르우벤 ④유다

8. 누가 사자와 같은데 독수리의 날개단 것을 보았나(단7:4)
①삼손 ②다윗 ③다니엘 ④솔로몬

9. 누가 사자의 입에서 던짐을 받았었나(단6:27)
①삼손 ②다윗 ③다니엘 ④예레미야

10. 열 두 사자를 여섯 층계 좌우편에 세운 자(왕상10:20)
①삼손 ②다윗 ③다니엘 ④솔로몬

59. 나귀와 말과 관계되는 자

1. 나귀가 입을 열어 내가 나를 이같이 세 번 때리느냐고 들은 선지자(민22:28)
   ①삼손 ②발람 ③다니엘 ④바락

2. 누구에게 너는 그들의 말 뒷발의 힘줄을 끊고 불로 병거를 사르라고 하셨나(수11:9)
   ①여호수아 ②빌립 ③다니엘 ④솔로몬

3. 누가 아내와 아들들을 나귀에 태우고 애굽으로 돌아갔는가(출4:20)
   ①요셉 ②욥 ③모세 ④야곱

4. 예수께서 나귀를 탈 것을 예언한 선지자(슥9:9)
   ①스가랴 ②스바냐 ③학개 ④요엘

5. 누가 아비의 암나귀를 찾아다니다 사무엘을 만났는가(삼상9:1-6)
   ①삼손 ②다윗 ③사울 ④솔로몬

6. 누가 왕궁 말문 어귀에서 죽었는가(대하23:15)
   ①삼손 ②아달랴 ③아비야 ④솔로몬

7. 누구의 병거의 말이 사만이요 마병이 일만 이천이나 되었나(왕상4:26)
   ①삼손 ②다윗 ③다니엘 ④솔로몬

8. 누가 나귀에 안장을 지우고 아들에게 나무를 쪼개어 지도록 했나(창23:1-3)
   ①야곱 ②모세 ③아브라함 ④솔로몬

9. 노새가 큰 상수리나무에 걸리므로 머리털이 나무에 달린 자(삼하18:9)
   ①삼손 ②압살롬 ③아브넬 ④요압

10. 나발의 부인으로 나귀를 타고 다윗에게 찾아온 자(삼상25:20)
   ①아비가일 ②밧세바 ③아비노암 ④아사헬

60. 직업과 관계있는 사람은?

1. 세리(마10:3)
   ①마가 ②누가 ③마태 ④요한

2. 천막 만드는 자(행18:3)
   ①아굴라 ②아볼로 ③바나바 ④바예수

3. 자색 옷감 장사(행16:14)
   ①다비다 ②루디아 ③뵈뵈 ④드보라

4. 군대의 백부장(행10:1)
   ①가말리엘 ②실라 ③고넬료 ④삭개오

5. 왕(삼상11:15)
   ①사울 ②이드로 ③입산 ④다니엘

6. 의사(골4:14)
   ①디모데 ②디도 ③누가 ④오네시모

7. 농부(슥13:5)
   ①엘리사 ②스가랴 ③스데반 ④스바냐

8. 어부(마4:21)
   ①실라 ②마태 ③요한 ④바울

9. 변호사(행24:1)
   ①더둘로 ②아그립바 ③베스도 ④벨릭스

10. 기생(약2:25)
   ①드보라 ②도르가 ③미리암 ④라합

61. 옷을 찢은 자들

1. 돌아와 보니 동생 요셉이 없어 옷을 찢은 자(창37:29)
①르우벤 ②시므온 ③레위 ④유다

2. 자기를 영접하러 나온 무남독녀를 보고 옷을 찢은 자(삿11:35)
①입산 ②입다 ③돌라 ④삼손

3. 암논이 동침함으로 옷을 찢고 재를 그 머리에 무릎쓴 자(삼하13:19)
①후새 ②요시야 ③다말 ④라합

4. 집이 무너져 자식들이 죽었다는 소식을 듣고 옷을 찢은 자(욥1:20)
①다윗 ②갈렙 ③욥 ④요시야

5. 요셉이 짐승에 먹혔다고 믿고 자기 옷을 찢으며 베로 허리를 동인 자(창37:34)
①이삭 ②유다 ③라브가 ④야곱

6. 랍사게의 말을 듣고 옷을 찢고 굵은 베를 입고 여호와의 전으로 간 자(왕하19:14)
①요시야 ②히스기야 ③다윗 ④솔로몬

7. 사울의 죽음의 소식을 접하고 자기 옷을 잡아 찢은 자(삼하1:11)
①요시야 ②히스기야 ③다윗 ④솔로몬

8. 옷을 찢고 흙을 머리에 무릎쓰고 다윗을 맞으러 온 자(삼하15:32)
①이사야 ②후새 ③다말 ④솔로몬

9. 옷을 찢고 굵은 베를 입고 재를 무릎쓰고 성 중에 나가 방성대곡한 자(에4:1)
①에스더 ②하만 ③모르드개 ④와스디

10. 자기들을 신이라하여 제사하고자 할 때 옷을 찢은 자는 바울과 누구인가(행14:14)
①바나바 ②실라 ③디모데 ④디도

62. 양과 목자에 관하여(2)

1. 내 백성은 잃어버린 양떼로다 라고 말한 선지자(렘50:6)
①예레미야 ②에스겔 ③다니엘 ④느헤미야

2. 라반의 딸로 목자였던 자(창29:6)
①레아 ②라헬 ③리브가 ④십보라

3. 이새의 아들 말째로 양을 지키던 자((삼상16:11)
①다윗 ②삼마 ③엘리압 ④아미나답

4. 누가 얼룩무늬 있는 양을 품값으로 받았는가(창31:8)
①다윗 ②야곱 ③모세 ④나단

5. 어느 선지자가 다윗 왕에게 가난한 자의 양 새끼를 빼앗은 부자에 대하여 말했나(삼하12:1)
①나단 ②요압 ③아비새 ④아히도벨

6. 양 백 마리 비유 중 한 마리를 찾기 위하여 목자는 양을 어디에 두었었나(눅15:4)
①우리 ②목장 ③들 ④집

7. 누가 보라 세상 죄를 짊어진 하나님의 어린양이라고 예수님을 소개했나(요1:36)
①요한 ②세례 요한 ③마태 ④베드로

8. 어느 성경에 양의 큰 목자이신 주 예수를 말했나(히13:20)
①요한복음 ②베드로전서 ③히브리서 ④야고보서

9. 아들로 제물을 드리려다가 수풀에 걸려 있는 수양을 발견한 자(창22:13)
①야곱 ②아브라함 ③이삭 ④입다

10. 어느 선지자가 어린 양을 그 팔로 모아 품에 안으신다고 예언했었나(사40:11)
①에스겔 ②다니엘 ③호세아 ④이사야

63. 주의 사자가 누구에게 행한 말인가?

1. 일어나 예루살렘에서 가사로 내려가는 길까지 가라. (행8:26)
①빌립 ②베드로 ③안드레 ④바울

2. 네 아내와 두 딸을 이끌라 이 성의 죄악 중에 함께 멸망할까 하노라. (창19:15)
①아브라함 ②룻 ③롯 ④이삭

3. 네 기도와 구제가 하나님 앞에 상달하여 기억하신 바가 되었다. (행10:4)
①베드로 ②바나바 ③디모데 ④고넬료

4. 두려워 말라 네가 가이사 앞에 서야 하겠다. (행27:24)
①사도바울 ②실라 ③세례요한 ④베드로

5. 일어나서 먹으라 네가 길을 이기지 못할까 하노라. (왕상19:7)
①엘리사 ②엘리야 ③다니엘 ④예레미야

6. 내가 이제야 네가 하나님을 경외하는 줄을 아노라. (창22:12)
①이삭 ②야곱 ③아브라함 ④다윗

7. 일어나 아기와 그의 모친을 데리고 애굽으로 피하여 내가 네게 이르기까지 거기 있으라(마2:13)
①베드로 ②모세 ③요셉 ④사가랴

8. 무서워 말라 네가 하나님께 은혜를 얻었느니라(눅1:30)
①마리아 ②엘리사벳 ③요셉 ④바울

9. 누구를 침으로 벌레에게 먹혀 죽었는가(행12:23)
①헤롯 ②바로 ③빌라도 ④벨릭스

10. 천사들을 보내어 사자들의 입을 봉함으로 살아난 자(단6:22)
①다니엘 ②예레미야 ③에스겔 ④호세아

64. 예수님의 제자들

1. 반석이라고 불리운 자(마16:18)
   ①베드로 ②안드레 ③야고보 ④요한

2. 보리떡 다섯 개와 물고기 두 마리를 찾아 온 제자(요6:9)
   ①베드로 ②안드레 ③야고보 ④요한

3. 우레의 아들이라고 별명을 받은 자들(막3:17)
   ①베드로와 안드레 ②야고보와 요한 ③빌립과 바돌로매

4. 예수님의 부활을 의심했던 제자(요20:25)
   ①베드로 ②안드레 ③도마 ④요한

5. 나사렛에서 무슨 선한 것이 날 수 있느냐고 물었던 제자(요1:46)
   ①나다나엘 ②안드레 ③야고보 ④요한

6. 세관에 앉아 있다가 예수님의 부르심을 받은 제자(마9:9)
   ①베드로 ②마태 ③마가 ④요한

7. 예수님께 입맞춤을 함으로 판 자(눅22:48)
   ①시몬 베드로 ②가룟유다 ③야고보 ④요한

8. 벳새다 사람으로 예수께서 갈릴리로 나가시다가 만나 나를 좇으라하여 좇은 제자(요1:43)
   ①빌립 ②안드레 ③야고보 ④요한

9. 보라 네 어머니라 하는 명을 받은 자(요19:27)
   ①베드로 ②안드레 ③야고보 ④요한

10. 제사장의 종 귀를 자른 자(요18:10)
    ①베드로 ②안드레 ③야고보 ④요한

65. 다음 사람은 어디에서 살았나?

1. 선지자며 목자였던 아모스의 고향(암1:1)
①모압 ②드고아 ③헤브론 ④베들레헴

2. 예수님께 무덤을 드렸던 요셉의 고향(마27:57-60)
①아리마대 ②가룟 ③구레내 ④고린도

3. 삭개오가 살던 곳(눅19:1)
①가버나움 ②갈릴리 ③여리고 ④예루살렘

4. 예수님께서 자라신 곳(마2:23)
①나사렛 ②베들레헴 ③예루살렘 ④요단

5. 나오미는 고향이 어디인가(룻1:1)
①나사렛 ②베들레헴 ③예루살렘 ④요단

6. 사도 바울은 어디가 고향인가(행11:25)
①다소 ②베들레헴 ③예루살렘 ④요단

7. 마리아와 마르다 나사로가 살던 곳(요11:1)
①나사렛 ②베다니 ③예루살렘 ④요단

8. 예수님의 십자가를 짊어 지었던 시몬의 고향(마27:32)
①나사렛 ②베들레헴 ③구레네 ④요단

9. 빌립, 베드로 안드레의 고향(요1:44)
①나사렛 ②벳새다 ③베다니 ④요단

10. 예수님을 만난 사마리아 여인이 있던 성(요4:5)
①나인 ②수가 ③예루살렘 ④요단

66. 다음의 거짓말을 한 자

1. 나는 웃지 아니하였다(창18:15)
①리브가 ②사라 ③요게벳 ④라헬

2. 너희가 결코 죽지 아니하리라(창3:4)
①뱀 ②하와 ③아담 ④하나님

3. 내가 여호와의 명령을 행하였나이다.(삼상15:13)
①바울 ②요나 ③사울 ④노아

4. 내가 그 사람을 알지 못하노라(마26:72)
①베드로 ②사울왕 ③엘리야 ④다니엘

5. 내가 알지 못하나이다(창4:9)
①아벨 ②가인 ③아담 ④하와

6. 그가 병들었느니라(삼상19:14)
①아비가일 ②밧세바 ③미갈 ④베드로

7. 나는 아버지의 맏아들 에서로소이다(창27:19)
①에서 ②야곱 ③이삭 ④요셉

8. 아무데도 가지 아니하였나이다(왕하5:25)
①나아만 ②하만 ③게하시 ④가룟유다

9. 만군의 여호와 이스라엘의 하나님이 이같이 말씀하여 가라사대 내가 바벨론 왕의 멍에를 꺾었느니라(렘28:1-2)
①하나냐 ②발람 ③바예수 ④에비구레오

10. 부활이 이미 지나갔다
(딤후2:17-18)
①디모데 ②빌레도 ③사두개인 ④오네시보로

67. 감옥에 들어갔던 자들

1. 바로의 감옥에 들어갔던 자(창39:20)
   ①예수　②요셉　③베드로　④바울

2. 유다 왕으로 바벨론왕 에월므로닥의 즉위한 원년에 옥에서 놓인 자(왕하25:27)
   ①시드기야　②여호야긴　③르호보암　④여로보암

3. 시드기야왕에 의해 뚜껑 씌운 웅덩이에서 건짐 받은 자(렘37:16-17)
   ①예레미야　②다니엘　③호세아　④나훔

4. 헤롯의 딸인 헤로디아에 의해 감옥에 있을 때 목 베임을 당한 자(막6:22)
   ①안드레　②세례요한　③베드로　④야고보

5. 예수님 대신 감옥에서 살아난 자(눅23:19)
   ①시몬　②요셉　③바라바　④바나바

6. 그는 옥에 갇혔고 교회는 그를 위하여 간절히 빌었는데.. 그는 누구인가(행12:5)
   ①예수　②요셉　③베드로　④바울

7. 감옥에 있던 두 사람으로 찬송을 한 자들(행16:25)
   ①바울과실라　②요셉과 마리아③베드로와 요한 ④바울과 바나바

8. 로마의 감옥에서 여러 권의 성경을 쓴 자
   ①요한　②요셉　③베드로　④바울

9. 밧모섬에 유배 되었던 자(계1:9)
   ①안드레　②요한　③베드로　④바울

10. 주의 사자가 옥문을 열어 끌어낸 자들(행5:18-19)
   ①집사들　②사도들　③성도들　④여자들

68. 로마의 지도자들

1. 예수께서 하나님의 것은 하나님께 누구의 것은 누구에게 드리라 했나 (마22:21)
   ①가이사 ②고넬료 ③베스도 ④빌라도

2. 예수님은 누구에게 고난을 받으셨나(막15:15)
   ①가이사 ②고넬료 ③베스도 ④빌라도

3. 예수님 탄생쯤에 누가 천하로 다 호적하라 했나(눅2:1)
   ①가이사 ②아구스도 ③베스도 ④빌라도

4. 누가는 누구에게 누가복음과 사도행전을 썼나(눅1:3)
   ①데오빌로 ②고넬료 ③베스도 ④빌라도

5. 누가 수리아 총독 되었을 때 처음으로 호적을 했었나(눅2:2)
   ①가이사 ②고넬료 ③구레뇨 ④빌라도

6. 기도와 구제가 하나님께 상달 된 자(행10:4)
   ①가이사 ②고넬료 ③베스도 ④빌라도

7. 천부장 글라우디오 루시아는 누구에게 문안을 드렸는가(행23:26)
   ①벨릭스 ②고넬료 ③베스도 ④빌라도

8. 누가 바예수 박수와 있다가 바나바와 바울을 불러 하나님 말씀을 듣고자 했나(행13:7)
   ①벨릭스 ②고넬료 ③베스도 ④서기오바울

9. 누가 벨릭스의 소임을 대신 하였나(행24:27)
   ①가이사 ②고넬료 ③베스도 ④빌라도

10. 누가 돈을 받을까하여 사도 바울을 자주 불렀나(행24:26)
   ①아그립바 ②벨릭스 ③베스도 ④빌라도

69. 노래하는 자들

1. 말과 그 탄자를 바다에 던지셨음이로다(출15:21)
①드보라 ②미리암 ③사가랴 ④마리아

2. 여호와여 신중에 주와 같은 자가 누구니이까(출15:11)
①모세 ②아론 ③다윗 ④솔로몬

3. 깰지어다 깰지어다 너는 노래할지어다(삿5:12)
①드보라 ②미리암 ③솔로몬 ④마리아

4. 내 마음이 여호와를 인하여 즐거워하며 내 뿔이 여호와를 인하여 높아졌으며(삼상2:1)
①리브가 ②미리암 ③한나 ④마리아

5. 여호와는 나의 반석이시요 나의 요새시요 나를 건지시는 자 이시요(시18:2)
①다윗 ②사울 ③솔로몬 ④마리아

6. 나는 샤론의 수선화요 골짜기의 백합이로구나(아2:1)
①시드기야 ②드보라 ③뵈뵈 ④솔로몬

7. 보라 이제 후로는 만세에 나를 복이 있다 일컬으리로다(눅1:48)
①드보라 ②미리암 ③사가랴 ④마리아

8. 우리 원수에게서와 우리를 미워하는 모든 자의 손에서 구원하시는 구원이라(눅1:71)
①드보라 ②미리암 ③사가랴 ④마리아

9. 지극히 높으신 곳에서는 하나님께 영광이요 땅에서는 기뻐하심을 입은 사람들 중에 평화로다(눅2:14)
①천사 ②미리암 ③사가랴 ④마리아

10. 이방을 비추는 빛이요 주의 백성 이스라엘의 영광이니이다(눅2:32)
①드보라 ②시므온 ③사가랴 ④마리아

70. 감사하는 자들

1. 잔을 들고 감사하신 자(고전11:25)
   ①예수 ②모세 ③바울 ④베드로

2. 하루에 세 번씩 창문을 열어놓고 감사기도한 자(단6:10)
   ①예수 ②모세 ③바울 ④다니엘

3. 세리와 같지 아니함을 감사한 자(눅18:11)
   ①서기관 ②바리새인 ③제사장 ④레위인

4. 예수의 발아래 엎드려 사례한 문둥병자는 어디 사람인가(눅17:16)
   ①예루살렘 ②갈릴리 ③유대 ④사마리아

5. 말할 수 없는 그의 은사를 인하여 하나님께 감사 하노라(고후9:15)
   ①예수 ②모세 ③바울 ④베드로

6. 우리가 주께 감사하오며 주의 영화로운 이름을 찬양하나이다(대상29:13)
   ①다윗 ②솔로몬 ③바울 ④베드로

7. 어린아이들에게는 나타내심을 감사하나이다(마11:25)
   ①예수 ②모세 ③바울 ④베드로

8. 하나님께 감사하고 예루살렘의 구속됨을 바라는 모든 이에게 이 아이에 대하여 말함(눅2:38)
   ①시므온 ②안나 ③마리아 ④사가랴

9. 나는 감사하는 목소리로 주께 제사를 드리며(욘2:9)
   ①요나 ②다윗 ③하바국 ④엘리사벳

10. 서로 찬송가를 화답하며 여호와께 감사하여 이르되 주는 지극히 선하시므로(스3:11)
    ①서기관 ②바리새인 ③사두개인 ④레위인

71. 환상을 본 자

1. 마게도냐사람이 건너와서 우리를 도우라는 환상을 본 자(행16:9)
   ①베드로 ②바울 ③요한 ④바나바

2. 메뚜기가 땅의 풀을 다 먹어버린 환상을 본 자(암7:2)
   ①아모스 ②스가랴 ③학개 ④말라기

3. 인자 같은 이가 하늘 구름을 타고 온 것을 본 자(단7:13)
   ①예레미야 ②다니엘 ③호세아 ④스바냐

4. 마른 뼈들의 환상을 본 자(겔37:4)
   ①에스겔 ②느헤미야 ③요나 ④나훔

5. 성전 안에서 이상을 봄으로 벙어리가 된 자(눅1:22)
   ①엘리사벳 ②요셉 ③요한 ④사가랴

6. 큰 보자기에 각색 짐승이 있는 것을 본 자(행10:11)
   ①베드로 ②바울 ③요한 ④바나바

7. 묵시의 말씀을 달려가면서도 읽도록 하라는 명을 받은 자(합2:2)
   ①아모스 ②하바국 ③호세아 ④말라기

8. 하늘에서 보이신 것을 거스리지 아니하였다 한 자(행26:19)
   ①바울 ②베드로 ③요한 ④바나바

9. 한 사람이 측량줄을 그 손에 잡은 것을 본 자(겔45:1-8)
   ①에스겔 ②다니엘 ③스가랴 ④하박국

10. 하늘의 열린 문을 들어간 본 자(계19:11)
   ①베드로 ②바울 ③요한 ④바나바

72. 누가 샀는가?

1. 은 사백 세겔로 마므리 앞 막벨라 밭 굴을 산자(창23:16)
①이삭 ②야곱 ③아브라함 ④요셉

2. 아내를 사서 그 죽은 자의 기업을 그 이름으로 이은 자(룻4:5)
①보아스 ②말론 ③기룐 ④기드온

3. 기근에 몰려서 각기 토지를 팔 때 산 자(창47:19)
①이삭 ②야곱 ③아브라함 ④요셉

4. 타작마당과 소를 은 오십 세겔로 산 자(삼하24:24)
①다윗 ②야곱 ③솔로몬 ④요셉

5. 세마포로 싸고 자기 굴에 예수님의 시체를 모신 자(요19:38)
①이삭 ②베드로 ③바울 ④요셉

6. 은 두 달란트로 세멜에게서 사마리아 산을 산자(왕상16:24)
①이삭 ②오므리 ③아브라함 ④요셉

7. 은 삼십에 예수님을 산 자(마26:15)
①대제사장 ②서기관 ③로마황제 ④백성들

8. 미디안 사람이 요셉을 누구에게 팔았는가(창37:36)
①바로 ②보디발 ③밧세바 ④리브가

9. 장막 친 밭을 세겜의 아비 하몰의 아들들의 손에서 은 일백 개로 산자(창33:19)
①이삭 ②야곱 ③아브라함 ④요셉

10. 세 여인이 예수님을 위하여 향품을 샀는데 해당되지 않은 여인(막16:1)
①마리아 ②살로메 ③야고보모친 ④헤로디아

73. 춤춘 자들

1. 송아지와 그 춤추는 것을 보고 대노한 자(출32:19)
①아론 ②모세 ③기드온 ④삼손

2. 누구의 딸이 소고를 잡고 춤추며 나아와 영접을 하였나(삿11:34)
①입다 ②입산 ③돌라 ④삼손

3. 여인들이 노래하며 춤추며 소고와 경쇠를 가지고 나와 누구를 환영하였나(삼상18:6)
①바울 ②사울 ③솔로몬 ④다윗

4. 베 에봇을 입고 여호와 앞에서 힘을 다하여 춤을 춘 사람(삼상6:14)
①다윗 ②모세 ③기드온 ④아론

5. 어느 책에 슬퍼할 때가 있고 춤출 때가 있다고 하였나(전3:4)
①아가서 ②전도서 ③욥기 ④잠언

6. 무엇을 하여도 저희가 춤추지 않는다고 하였나(마11:17)
①나팔 ②피리 ③소고 ④징

7. 세례요한의 목을 요구하며 춤을 춘 자(마14:6)
①드보라 ②에스더 ③마리아 ④헤로디아딸

8. 베냐민 자손들이 춤추는 어느 여인들을 아내로 삼았는가(삿21:21)
①세겜 ②하몰 ③실로 ④브엘세바

9. 어떤 비유 속에서 풍류와 춤추는 것을 못 마땅히 여기는 자가 있었는가(눅15:25)
①진주구함 ②탕자 ③열처녀 ④잃은 양

10. 어디 사람들이 블레셋과 유다 땅에서 탈취한 것으로 먹고 마시며 춤을 추었는가(삼상30:16)
①아말렉 ②모압 ③암몬 ④사마리아

74. 누가 친구인가?

1. 빌라도는 이 사람과 전에는 원수였으나 당일에는 친구가 된 자(눅23:12)
①바로 ②헤롯 ③베스도 ④아그립바

2. 누가 모세와 대면하여 친구와 같이 이야기 하였는가(신34:10)
①아론 ②미리암 ③하나님 ④여호수아

3. 누가 다윗을 자기 생명같이 사랑하였는가(삼상18:3)
①나아만 ②요나단 ③솔로몬 ④아히도멕

4. 예수께서 친구 누가 잠들었다 하시며 내가 깨우러 간다 하셨나(요11:11)
①나사로 ②바로 ③베드로 ④나다나엘

5. 누가 친구를 위하여 목숨을 버리면 이에 더 큰 사랑이 없다 하였나(요15:13)
①바로 ②예수 ③헤롯 ④바울

6. 욥의 친구가 아닌 사람(욥42:9)
①므비보셋 ②엘리바스 ③빌닷 ④소발

7. 누가 가이사랴에서 친구들과 일가들을 모아 말씀을 듣기 위하여 모이게 하였나(행10:24)
①바나바 ②헤롯 ③베드로 ④고넬료

8. 누가 하나님의 벗(주께서 사랑하시는)이라 칭함을 얻었는가(대하20:7)
①모세 ②아브라함 ③야곱 ④다윗

9. 누구의 친구들이 풀무불에 들어가도 신앙을 지켰나(단3:23)
①호세아 ②다니엘 ③베드로 ④에스겔

10. 예수께서 누구에게 친구여 네가 무엇을 하려고 왔는지 행하라고 말씀하셨나(마26:50)
①바로 ②헤롯 ③가룟유다 ④베드로

75. 어떤 우상들이 있는가?

1. 시돈 사람의 여신(왕상11:5)
①몰록 ②아스다돗 ③바알 ④아세라

2. 모압의 가증한 신(왕상11:33)
①그모스 ②밀곰 ③쓰스 ④다곤

3. 암몬 자손의 신(왕상11:33)
①밀곰 ②바알 ③아데미 ④아세라

4. 루스드라에서 바울에게 말하는 자임으로 붙여진 신 이름(행14:12)
①제우스 ②헤르메스 ③드라빔 ④바알브올

5. 에베소의 위대한 여신(행19:34)
①아데미 ②이스다돗 ③다곤 ④느보

6. 바벨론의 신(겔8:14)
①몰록 ②이스다돗 ③담무스 ④아세라

7. 기드온이 바알의 단을 헐고 어떤 나무로 번제를 드렸나((삿6:25-26)
①다곤 ②바알세블 ③아시마 ④아세라

8. 엘리야 때 가나안 사람들이 섬기던 신으로 갈멜산에서 많은 선지자가 죽음(왕상18:40)
①몰록 ②송아지형상 ③바알 ④니스록

9. 삼손과 함께 죽은 불레셋 사람들의 신((삿16:23)
①다곤 ②이스다돗 ③바알 ④그모스

10. 나아만이 섬기던 신(왕하5:18)
①몰록 ②림몬 ③밀곰 ④아스다롯

76. 편지를 가져온 자들

1. 어떤 편지를 라오디게아인의 교회에서 읽게 하고 또 오는 편지도 읽으라 했나(골4:16)
   ①에베소 ②빌립보 ③골로새 ④안디옥

2. 누가 편지를 써서 이스르엘 귀족들을 교육하는 자에게 전달케 했나(왕하10:1)
   ①예후 ②이세벨 ③엘리야 ④아합

3. 누가 편지를 써서 우리아의 손에 들려 요압에게 보내었는가(삼하11:14)
   ①나단 ②다윗 ③솔로몬 ④밧세바

4. 누가 편지를 받아보고 성전에 올라가 여호와 앞에 펴 놓았는가(왕하19:14)
   ①엘리야 ②나아만 ③랍사게 ④히스기야

5. 편지가 이르자 누구의 아들 70명이 붙잡아 죽임을 당하고 머리를 광주리에 담겼나(왕하10:7)
   ①아합 ②예후 ③시므리 ④엘리야

6. 너희는 우리의 편지라 우리 마음에 썼고 뭇 사람이 알고 읽는 바라 가 기록된 성경은?
   ①로마서 ②고린도후서 ③베드로전서 ④히브리서

7. 사랑하는 가이오 곧 내가 참으로 사랑하는 자에게 편지 한 자(요삼1:1)
   ①요한 ②누가 ③바울 ④베드로

8. 어디 형제들에게 굳건하게 서서 말로나 우리의 편지로 가르침을 받은 전통을 지키라 했나(살후2:15)
   ①고린도 ②데살로니가 ③에베소 ④빌립보

9. 화평하고 진실한 말로 편지를 써서 어느 나라 백이십칠 지방에 보내었나(에9:30)
   ①아하수에로 ②가르시나 ③세달 ④메레스

10. 바벨론의 왕 브로닥발라단은 누가 병들었다 함을 듣고 편지와 예물을 보냈나(왕하20:12)
   ①요시야 ②요아스 ③히스기야 ④다윗

77. 교회와 관계

1. 그리스도인이라고 일컬음을 받은 교회(행11:26)
①에베소 ②빌립보 ③골로새 ④안디옥

2. 차지도 아니하고 뜨겁지도 않은 교회(계3:16)
①사데 ②빌라델비아 ③버가모 ④라오디게아

3. 유두고라는 청년이 창에 걸터앉아 있다가 떨어져 죽었다 살아난 곳(행20:6-12)
①드로아 ②미둘레네 ③앗소 ④아시아

4. 마술하던 자가 책 값 은 오만이나 되는 것을 태운 곳(행19:19)
①빌립보 ②에베소 ③골로세 ④예루살렘

5. 골로새 교회 사람(골1:7)
①빌레몬 ②베드로 ③에바브라 ④루디아

6. 죽도록 충성하라 그리하면 생명의 면류관을 주겠다는 교회(계2:10)
①서머나 ②에베소 ③사데 ④라오디게아

7. 인내의 말씀을 지킨 교회(계3:10)
①사데 ②빌라델비아 ③버가모 ④에베소

8. 누구에게 내가 이 반석 위에 내 교회를 세운다고 하셨나(마16:18)
①사도바울 ②요한 ③베드로 ④바나바

9. 처음으로 선교사를 안수하여 따로 세운 교회(행13:2)
①안디옥 ②빌립보 ③에베소 ④예루살렘

10. 어느 교회에 큰 박해가 있어 유대와 사마리아 모든 땅으로 흩어졌는가(행8:1)
①빌라델비아 ②예루살렘 ③안디옥 ④라오디게아

78. 바구니

1. 광주리를 타고 들창문으로 성벽을 내려가 그 손에서 벗어난 자(행9:25)
   ①요나 ②정탐꾼 ③베드로 ④바울

2. 여름 과일 한 광주리를 누구에게 보이셨나(암8:1)
   ①예레미야 ②이사야 ③아모스 ④하박국

3. 누가 그의 아들들과 회막 문에서 그 숫양의 고기와 광주리에 있는 떡을 먹었나(출29:32)
   ①아론 ②레위 ③모세 ④이드로

4. 한 광주리에는 좋은 무화과가 있고 한 광주리에는 극히 나쁜 무화과가 있는 것을 본 선지자(렘24:2)
   ①예레미야 ②느헤미야 ③에스겔 ④다니엘

5. 왕자 칠십 명의 머리를 광주리에 담아 누구에게로 보내어졌는가(왕하10:7)
   ①바로 ②예후 ③이세벨 ④사울

6. 오천 명이상이 다 배불리 먹고 남은 조각을 몇 광주리에 차게 거두었나(마14:20)
   ①열바구니 ②다섯바구니 ③열두바구니 ④일곱바구니

7. 갈대 상자에 담겨 나일 강으로 떠내려 갔던 자(출2:3)
   ①모세 ②미리암 ③아론 ④레위

8. 고기를 소쿠리에 담고 국을 양푼에 담아 상수리나무 아래로 가져간 자(삿6:19)
   ①기드온 ②삼손 ③드보라 ④사무엘

9. 흰 떡 세 광주리에 대한 꿈을 해몽해 준 자(창40:17)
   ①다니엘 ②요셉 ③바울 ④베드로

10. 어떤 제물로 숫양에 무교병 한 광주리를 아울러 소제와 전제를 드리라 했나(민6:17)
   ①번제물 ②속죄제물 ③속건제물 ④화목제물

79. 대량살해

1. 여호와의 사자가 앗수르 진영에서 군사 몇 명을 쳤는가(왕하19:35)
①158,000 ②188,000 ③185,000 ④200,000

2. 동방 사람의 모든 군대 중에서 칼 든 자 몇 명이 죽었나(삿8:10)
①120,000 ②12,000 ③130,000 ④100,000

3. 블레셋 사람들로 인하여 이스라엘 보병의 엎드러진 자의 수(삼상4:10)
①10,000 ②20,000 ③40,000 ④30,000

4. 다윗이 아람 병거 칠천 대의 군사와 보병 얼마를 죽이었나(대상19:18)
①20,000 ②40,000 ③60,000 ④80,000

5. 유다인들이 자기를 미워하는 자 몇 명을 도륙하되 그들의 재산은 손대지 아니하였나(에9:16)
①35,000 ②55,000 ③75,000 ④95,000

6. 르말랴의 아들 베가가 유다에서 하루 동안 죽인 용사(대하28:6)
①110,000 ②100,000 ③120,000 ④150,000

7. 벧세메스에서 여호와의 궤를 들여다 보다가 죽은 사람(삼상6:19)
①5,070 ②50,070 ③5,700 ④57.700

8. 다윗으로 인하여 전염병으로 죽은 자(삼하24:15)
①20,000 ②30,000 ③50,000 ④70,000

9. 아비야와 그의 백성을 인하여 이스라엘의 택한 병사 몇 명이 죽었나(대하13:17)
①500,000 ②300,000 ③400,000 ④50,000

10. 진영이 서로 칠 일간 대치하다 하루에 아람 보병 얼마가 죽었나(왕상20:29)
①10,000 ②100,000 ③20,000 ④200,000

80. 군대의 장관

1. 누가 그 친구 아훗삿과 군대 장관 비골과 더불어 그랄에서부터 이삭에게로 왔는가(창26:26)
   ①시스라　②아비멜렉　③시므리　④아드나

2. 아람 왕의 군대 장관으로 문둥병에 거렸던 자(왕하5:1)
   ①비골　②에스라　③나아만　④하만

3. 누구에게 우리가 암몬 자손과 싸우려 하니 당신은 와서 우리의 장관이 되라했나(삿11:6)
   ①입다　②입산　③기드온　④삼손

4. 가나안 왕 야빈의 군대 장관(삿4:7)
   ①아브넬　②여호아난　③시스라　④하나냐

5. 사울왕의 군사령관은 누구인가(삼상17:55)
   ①소박　②아브넬　③요압　④오므리

6. 다윗의 군 사령관은 누구인가(삼하24:2)
   ①르훔　②아마사　③엘라　④요압

7. 바벨론 왕 느부갓네살의 근위대장(단2:14)
   ①비골　②아리옥　③아브넬　④여호아난

8. 그랏 왕 아비멜렉의 군대 장관(창21:22)
   ①비골　②시스라　③시므리　④오므리

9. 소년이 이르되 장관이여 내가 당신에게 할 말이 있나이다라고 말할 때 장관(왕하9:5)
   ①아브넬　②아마사　③예후　④요압

10. 왕이 규례대로 단 위에 섰고 장관들과 나팔수가 왕의 곁에 모셔 섰으며 온 백성이 즐거워하여 나팔을 불 때 누가 옷을 찢으며 반역이로다 반역이로다 하였나(왕하11:14)
    ①아달랴　②아브넬　③아리옥　④아마사

81. 악기

1. 어떤 사람이 다윗의 악기를 잡고 제사장은 나팔을 잡고 섰는가(대하29:26)
①레위 사람 ②성가대 ③장관들 ④노예들

2. 나팔과 피리와 수금과 삼현금과 양금과 생황과 및 모든 악기 소리를 들을 때에 엎드리어 어느 왕이 세운 금 신상에게 절하라 했나(단3:5)
①다리오 ②느부갓네살 ③벨사살 ④아하수에로

3. 몇 명이 여호와께 찬송을 드리기 위하여 만든 악기로 찬송하는 자들이라 했나(대상23:5)
①천 명 ②이천 명 ③삼천 명 ④사천 명

4. 누구 명령에 번제 드리기를 시작할 때 노래하고 나팔을 불며 다윗의 악기를 울렸나(대하29:27)
①다윗 ②솔로몬 ③나단 ④히스기야

5. 누구를 세워 나팔과 제금들과 하나님을 찬송하는 악기로 소리를 내게 하였나(대상16:42)
①헤만, 여두둔 ②웃사, 아히오 ③삼무아, 소밥 ④사독, 아비아달

6. 어느 절기에 레위 사람들과 제사장들은 여호와를 칭송하며 악기를 울렸나(대하30:21)
①맥추절 ②유월절 ③무교절 ④장막절

7. 누가 수금과 퉁소를 잡는 모든 자의 조상이 되었나(창4:21)
①야발 ②유발 ③두발가인 ④나아마

8. 다윗왕은 레위 사람들에게 여호와께 무엇하게 하려고 악기를 만들었나(대하7:6)
①찬송 ②찬미 ③감사 ④예배

9. 노래하는 남녀들과 인생들이 기뻐하는 처첩들을 많이 둔 자(전2:8)
①다윗 ②솔로몬 ③사울 ④기드온

10. 누가 연회에는 수금과 비파와 소고와 피리와 포도주를 갖추었어도 여호와의 행하신 일에는 관심이 없다고 책망한 선지자(사5:12)
①이사야 ②예레미야 ③에스겔 ④느헤미야

82. 제사장들

1. 웃시야가 여호와의 성전에 분향하려 할 때 용감한 제사장 팔십 명을 데리고 들어간 자(대하26:17)
   ①아비아달 ②아사랴 ③아히멜렉 ④사가랴

2. 누가 언약궤를 기브온 산당에서 여호와 성막 앞으로 모셨나(대상16:39)
   ①힐기야 ②멜기세덱 ③스가랴 ④사독

3. 누가 아하스 왕의 모든 명령대로 행하였나(왕하16:16)
   ①우리야 ②호세아 ③이사야 ④느부사라단

4. 누가 스바냐가 스마야의 글을 선지자 예레미야에게 읽어서 들려주었나(렘29:29)
   ①브나야 ②스바냐 ③여다야 ④야긴

5. 나팔을 잡지 아니한 사람(느12:41)
   ①엘리야김 ②마아세야 ③미냐민 ④사독

6. 누가 하나님의 전 안에 있는 다윗 왕의 창과 큰 방패와 작은 방패를 백부장들에게 주었나(대하23:9)
   ①스가랴 ②하나냐 ③여호야다 ④에스라

7. 누가 너희가 범죄하여 이방 여자를 아내로 삼아 이스라엘의 죄를 더하게 하였다 했나(스10:10)
   ①에스라 ②브나야 ③스므이 ④레이

8. 내가 바울이 전파하는 예수를 의지하여 너희에게 명한다고 한 일곱 아들의 아버지 제사장(행19:14)
   ①사가랴 ②사독 ③스게와 ④스바냐

9. 살렘 왕이요 지극히 높으신 하나님의 제사장이며, 아브라함을 만나 복을 빈자(히7:1)
   ①힐기야 ②멜기세덱 ③엘리 ④비느하스

10. 예수를 결박한 그대로 대제사장 가야바에게 보낸 제사장(요18:24)
   ①아나니아 ②아비아달 ③엘르아살 ④안나스

83. 북 왕조 이스라엘 왕

1. 북 이스라엘의 초대왕, 우상 정책으로 인하여 하나님이 치심, 재위 22년에 죽음(왕상12:20~)
①여호람 ②여호야긴 ③여로보암 ④여로보함

2. 여호와 보시기에 악을 행하다 예후의 꾸지람을 들음, 24년간 통치(왕상15:33)
①바아사 ②호세아 ③여호아하스 ④여로보암2세

3. 디르사에서 칠일 동안 왕이 된 사람(왕상16:15)
①시므리 ②나답 ③바아사 ④므나헴

4. 이전 모든 왕보다 더 악을 행하고 이세벨을 아내로 삼고 바알을 섬긴 왕(왕상16:29-31)
①요담 ②아합 ③여호람 ④요시야

5. 왕으로 2년을 지낸 자가 아닌 왕(왕상15:25, 16:8, 왕하15:16)
①나답 ②아하시아 ③브가히야 ④베가

6. 여호사밧의 장자로 왕권을 물려받음, 불치병으로 재위 8년 만에 죽음(대하21:3, 왕하8:16)
①아사 ②요아스 ③여호야김 ④여호람

7. 북 이스라엘의 10대 왕으로 님시의 손자(왕상19:16)
①시드기야 ②여호람 ③예후 ④아마샤

8. 이스라엘 스가랴를 모반하여 왕이 된 야베스의 아들로 한 달 재위한 왕(왕하15:10)
①므나헴 ②살룸 ③브가히야 ④베가

9. 이십 오세에 왕이 되어 십 육년 간 다스린 왕(왕하15:33)
①요담 ②요아스 ③아마샤 ④아사랴

10. 이스라엘의 마지막 왕으로 앗수르 왕 살만에셀에게 조공을 바친 왕(왕하17:1-3)
①스가랴 ②여호아하스 ③호세아 ④시므리

84. 남 왕조 유다 왕

1. 솔로몬의 아들로 세겜에서 즉위하여 17년 동안 통치한 왕(왕상11:43, 14:1)
①여호람 ②르호보암 ③여로보암 ④여로보함

2. 여로보암의 후계자로 아비야라고도 불리운 유다 왕(왕상14:31)
①바아사 ②아비암 ③여호아하스 ④요담

3. 르호보암의 손자로 분열 후 3대 왕으로 41년간 제위 중 우상을 제거한 자(왕상15:8-13)
①아사 ②아사랴 ③바아사 ④므나헴

4. 35세에 등극하여 25년간 치리하였고 유다와 이스라엘 전쟁이 종식되었다(왕상22:42-44)
①요담 ②아합 ③여호사밧 ④요시야

5. 왕권 강화를 위하여 동생들과 몇 몇 장군을 죽인 자(대하21:3-4)
①나답 ②아하시아 ③브가히야 ④여호람

6. 아달랴의 학살로부터 고모인 여호세바에 의해서 구출 되어 양육되었다(왕하11:2)
①아사 ②요아스 ③여호야김 ④여호람

7. 아하스의 아들로 13대 왕, 기도로 15년 생명 연장을 받음(왕하18:1, 20:1-11)
①히스기야 ②여호람 ③예후 ④아마샤

8. 앗수르 왕이 포로로 바벨론으로 끌고 간 자(대하33:10,11)
①므나헴 ②살룸 ③므낫세 ④베가

9. 8세에 즉위하여 31년간 다스리고 성전을 수리했다(왕하22:3-9)
①요담 ②요아스 ③아마샤 ④요시아

10. 유다의 마지막 왕으로 본명은 맛다니야 였다(왕하24:17, 대상3:15)
①시드기야 ②여호아하스 ③호세아 ④시므리

85. 기록한 곳

1. 여호와께서 두 개를 주셨는데 그 글은 하나님이 손으로 기록하신 것이다.(출24:12)
①문설주 ②종이 ③돌판 ④두루마기

2. 아론이 성소에 들어갈 때에는 이스라엘 아들들의 이름을 기록한 것(출28:29)
①돌위 ②서판 ③옷 ④판결흉패

3. 누워 있을 때에든지, 일어날 때에든지 이 말씀을 강론하고 또 어디에 기록하라 했나(신6:9)
①집 문설주 ②마음 판에 ③막대기 ④지팡이

4. 제사장이 저주의 말을 어디에 써서 그 글자를 그 쓴 물에 빨아 넣으라 했나(신5:23)
①분벽 ②두루마리 ③땅 ④속옷

5. 사가랴가 무엇을 달라 하여 그 이름을 요한이라 쓸 때 다 놀랐는가(눅1:63)
①서판 ②종이 ③돌 ④옷

6. 드로아 가보의 집에 둔 겉옷을 가지고 오고 또 책은 특별히 어디에 쓴 것을 가져오라했나(딤후3:13)
①성경 ②가죽종이 ③서판 ④두루마리

7. 유다의 죄는 금강석 끝 철필로 기록하되 마음 판과 어디에 새기라 했나(렘17:1)
①문설주 ②말방울 ③제단뿔 ④에봇

8. 어디에는 아론의 이름을 쓰라했나(민17:3)
①두루마리 ②판결흉배 ③막대기 ④지팡이

9. 너희는 그리스도의 편지라 하시면서 돌판에 쓴 것이 아니요 육의 어디에 쓴 것이라 했나(고후3:3)
①서판 ②가슴 ③이마 ④마음판

10. 옷과 어디에 이름을 쓴 것이 있으니 만왕의 왕이요 만주의 주라 하였나(계19:16)
①지팡이 ②마음 ③다리 ④이마

86. 누구와 관계된 기적인가?

1. 누가 은혜와 권능이 충만하여 큰 기사와 표적을 민간에 행하였나(행6:8)
①스데반 ②바울 ③베드로 ④빌립

2. 중풍병으로 침사에 누운 지 여덟 해인 애니아를 낫게 한 사람(해9:34)
①바울 ②베드로 ③스데반 ④안드레

3. 마술사 엘루마에게 맹인이 되게 한 사람(행13:11)
①베드로 ②바나바 ③바울 ④실라

4. 태양이 머물고 달이 멈추도록 기도해 종일토록 속히 내려가지 않게 한 자(수10:13)
①모세 ②여호수아 ③기드온 ④아론

5. 우뢰와 비를 내려 여호와와 누구를 크게 두려워했는가(삼상12:18)
①다니엘 ②다윗 ③기드온 ④사무엘

6. 통의 기루가 떨어지지 아니하고 병의 기름이 떨어지지 아니하리라(왕상17:14)
①엘리야 ②엘리사 ③다니엘 ④모세

7. 선지자의 제자들이 나무를 벨 때에 쇠도끼가 빠진 것을 떠오르게 함(왕하6:6)
①사무엘 ②엘리야 ③이사야 ④엘리사

8. 히스기야가 병에 걸렸을 때 무화과 반죽을 상처에 놓아 낫게 한자(왕하20:7)
①엘리야 ②엘리사 ③이사야 ④다니엘

9. 3층에서 떨어져 죽은 유두고를 다시 살려 낸 자(행20:10)
①바울 ②베드로 ③스데반 ④바나바

10. 놋뱀을 만들어 장대 위에 달아 쳐다본 자는 살게 함(민21:9)
①아론 ②모세 ③레위 ④아브라함

87. 제단

1. 누가 처음으로 제단을 쌓았는가(창8:2)
①아담 ②아벨 ③셋 ④노아

2. 누가 여호와의 장막으로 도망하여 제단 뿔을 잡았는가(왕상2:28)
①다윗 ②요압 ③아비새 ④브나야

3. 어느 성경에 제단이 말하기를 그러하다 주 하나님 곧 전능하신 이시여라고 기록되었나(계16:7)
①마태복음 ②사도행전 ③야고보 ④요한 계시록

4. 이스라엘에게 범죄하게 한 여로보암이 벧엘에 세운 제단과 산당을 헐어버린 왕(왕하23:15)
①요시야 ②르호보암 ③여호야김 ④므낫세

5. 제단을 쌓고 그 이름을 여호와 닛시라 부른 자(출17:15)
①기드온 ②아론 ③모세 ④아브라함

6. 여호와를 위하여 제단을 쌓고 여호와 샬롬이라 한 사람(삿6:24)
①기드온 ②삼손 ③다니엘 ④사무엘

7. 불꽃이 제단에서부터 하늘로 올라가는 동시에 여호와의 사자도 휩쓸려 올라간 것을 본 가족(삿13:20)
①사무엘 ②삼손 ③이사야 ④엘리사

8. 여부스 사람 아라우나의 타작마당에서 제단을 쌓은 자(삼하24:18)
①엘리야 ②사울 ③솔로몬 ④다윗

9. 누가 주께서 제단 곁에 서서 기둥머리를 쳐서 문지방이 움직이게 하라는 환상을 보았나(암9:1)
①스바냐 ②요나 ③아모스 ④하박국

10. 예물을 제단 앞에 두고 먼저 가서 형제와 화목하고 그 후에야 예물을 드리라 한 자(마5:24)
①베드로 ②바울 ③세례요한 ④예수

88. 살인

1. 왼손을 쳐 그의 오른쪽 허벅지 위에서 칼로 에글론을 죽인 자(삿3:21)
   ①에훗 ②삼손 ③기드온 ④다니엘

2. 아브넬이 헤브론에 돌아오매 그를 데리고 성문 안에 들어가 배를 찔러 죽인 자(삼하3:27)
   ①다윗 ②요압 ③아비새 ④브나야

3. 엘라를 들어가 쳐 죽이고 그를 대신하여 왕이 된 자(왕상16:10)
   ①시므리 ②바아사 ③아사 ④오므리

4. 스가랴를 반역하여 백성 앞에서 쳐 죽이고 대신 왕이 된 자(왕하15:10)
   ①야베스 ②살룸 ③예후 ④웃시야

5. 디르사에서부터 사마리아로 올라가서 야베스의 아들 살룸을 쳐 죽이고 왕이 된 자(왕하15:14)
   ①여로보암 ②느밧 ③므나헴 ④베가

6. 예수께서 갈릴리에서 다니시고 유대에서 다니려 아니하심은 누가 죽이려 함이었나(요7:1)
   ①사두개인들 ②바리새인들 ③서기관들 ④유대인들

7. 유대인들이 누구를 죽이려고 할 때 광주리에 담겨 탈출한 사람(행9:23-25)
   ①베드로 ②빌립 ③요한 ④사울

8. 종들에게 명하여 형 암논이 술로 즐거워 할 때 쳐 죽이라 명령한 자(삼하13:28)
   ①요나단 ②사울 ③압살롬 ④다윗

9. 헤로디아의 딸이 춤을 추워 누구의 머리를 소반에 달라 했나(마14:8)
   ①세례요한 ②바울 ③베드로 ④스데반

10. 들에 있을 때에 가인이 그의 동생 누구를 쳐 죽이었나(창4:8)
   ①셋 ②아벨 ③함 ④에녹

89. 도적질

1. 도적질한 물이 달고 몰래 먹는 무엇이 맛이 있다 하였나(잠9:17)
①감자 ②떡 ③빵 ④밥

2. 라반이 양털을 깎으러 갔을 때 라헬은 그 아비의 무엇을 도적질했는가(창31:19)
①양 ②인장 ③재산 ④드라빔

3. 로마 군인들에게 그의 제자들이 밤에 와서 우리가 잘 때에 무엇을 도적질하여 갔다 하라했나(마28:13)
①예수 ②가룟유다 ③베드로 ④제사장

4. 이스라엘 백성이 왕께 재판을 청하러 올 때 압살롬은 이스라엘 사람의 무엇을 도적질 했나(삼하15:6)
①재산 ②마음 ③생명 ④옷

5. 요셉은 누구의 자루에 은잔을 숨기고 도적질 해 갔다고 했나(창44:12)
①유다 ②시므온 ③베냐민 ④레위

6. 내가 노략한 물건 중에 시날산의 아름다운 외투 한벌과 은 이백 세겔과 오십 세겔 중의 금덩이 하나를 보고 탐내어 취하였나이다라고 도적질한 것을 고백한 사람(수7:21)
①하만 ②아간 ③나아만 ④요나

7. 아하시야의 아들 요아스를 왕자들의 죽임을 당하는 중에서 도적하여 낸 사람(왕하11:2)
①요람 ②아하시야 ③여호세바 ④아달랴

8. 내게 혹시 염소 중 아롱지지 아니한 자나 점이 없는 자나 양 중 검지 아니한 자가 있거든 다 도적질한 것으로 인정하소서라고 말한 자(창30:33)
①라반 ②에서 ③유다 ④야곱

9. 가난한 자들을 생각함이 아니요 누가 도적이라 돈 궤를 맡고 거기 넣는 것을 훔쳐 감이러라 했나(요12:6)
①가룟유다 ②마태 ③빌립 ④안드레

10. 너희는 나의 것을 도둑질하고도 말하기를 우리가 어떻게 주의 것을 도둑질하였나이까 하는 것은 무엇인가(말3:8)
①돈 ②십일조 ③제물 ④제사

90. 물건

1. 야곱이 이것만 가지고 요단을 건넜더니 지금은 두떼나 이루었다고 한 것(창32:10)
   ①지팡이 ②돌베게 ③양가죽 ④팥죽

2. 유다가 다말에게 준 담보물 중 끈과 지팡이와 또 한 가지(창38:18)
   ①도장 ②족보 ③신발 ④양털

3. 다윗이 골리앗을 쓰러뜨릴 때 사용한 것(삼상17:40-50)
   ①창 ②단창 ③물매 ④칼

4. 아간이 노략한 물건 중에 무엇과 은 이백 세겔과 오십 세겔 되는 금덩이 하나를 보고 탐내었나(수7:21)
   ①드라빔 ②문서 ③외투한벌 ④옷

5. 모세가 어디에 담겨 나일강으로 보내어졌는가(출2:3)
   ①나무상자 ②대나무바구니 ③큰 그릇 ④갈대상자

6. 기드온의 군사가 미디안을 칠 때 사용한 것이 아닌 것(삿7:19-20)
   ①나팔 ②칼 ③횃불 ④항아리

7. 마리아는 지극히 비싼 무엇을 가져다가 예수의 발에 부었나(요12:3)
   ①술 ②향유 ③물 ④과일

8. 내 무엇은 쉽고 내 짐은 가볍다 하셨나(마11:30)
   ①말 ②명령 ③꿈 ④멍에

9. 베드로가 기도하다가 본 것으로 하늘이 열리고 무엇이 내려왔는가(행10:11)
   ①자루 ②그릇 ③구름 ④마차

10. 엘가나가 무엇을 하나에게는 갑절로 주었나(삼상1:4)
   ①제물의 분깃 ②십일조 ③재산 ④상속물

91. 밭

1. 토기장이의 밭을 사서 나그네의 묘지로 삼은 밭(마27:7-8)
①나그네밭 ②피밭 ③모든 자의 밭 ④제사장의 밭

2. 누가 밭 가운데 서서 블레셋 사람들을 쳤는가(삼하23:11-12)
①하랄 ②아게 ③삼마 ④갑스엘

3. 여호와의 궤의 수레가 누구의 밭에 있는 큰 돌 있는 곳에 이르러 서게 되었나(삼상6:14)
①사무엘 ②아비엘 ③아비아 ④여호수아

4. 야곱은 마므레 앞 어느 밭에 있는 굴에 장사되었나(창50:12)
①막벨라 ②에브론밭 ③아벨미스라임 ④에브랏길

5. 압살롬이 누구의 밭에 불을 지르게 하였나(삼하14:30)
①요압의 밭 ②다윗의 밭 ③잇대의 밭 ④요나단의 밭

6. 예후가 그의 장관 빗갈에게 시체를 가져다가 이스르엘 사람 누구의 밭에 던지라 했나(왕하9:25)
①나봇 ②아하시야 ③요람 ④이세벨

7. 요시아 왕은 우상을 성전에서 내어다가 예루살렘 바깥 어디에서 불사르게 했나(왕하23:4)
①벧엘 ②기드론 ③나단멜렉 ④유브라데

8. 이사야에게 너와 네 아들은 윗못 수도 끝 누구의 밭 큰 길에 나가 아하스를 만나라 했나(사7:3)
①빨래 ②방앗간 ③세탁자 ④제사장

9. 예레미야에게 네 숙부 살룸의 아들 하나멜이 와서 어디에 있는 밭을 사라했나(렘32:7)
①바벨론 ②하나넬 ③아나돗 ④가렙

10. 우리는 하나님의 동역자들이요 너희는 누구의 밭이요 하나님의 집이라(고전3:9)
①예수님 ②구주 ③주예수 ④하나님

92. 붉은 색

1. 정탐꾼들은 라합에게 붉은 무엇을 창문에 매라고 했는가(수2:21)
①죽 ②줄 ③피 ④물감

2. 야곱에게 이르되 내가 피곤하니 그 붉은 것을 내가 먹게 하라 한지라하여 에서가 얻은 별명(창25:30)
①에돔 ②모압 ③형 ④동생

3. 야살의 책에 사울을 슬퍼하며 울라 하면서 그가 무엇을 너희에게 화려하게 입혔다 하였나(삼하1:24)
①금노리개 ②붉은 옷감 ③붉은 옷 ④붉은 양털

4. 모압 사람이 일찍 일어나서 해가 물에 비치므로 맞은 편 물이 무엇같이 보였나(왕하3:22)
①북은 옷감 ②붉은 옷 ③붉은 피 ④붉은 물감

5. 먼저 나온 자로 붉고 전신이 털옷 같아서 이름을 무엇이라 했나(창25:25)
①에서 ②야곱 ③이삭 ④리브가

6. 포도주는 붉고 어디에서 번쩍이며 순하게 내려가는가(잠23:31)
①왕궁 ②잔 ③입술 ④내 눈 앞

7. 둘째 인을 떼실 때 어떤 말이 나오는가(계6:4)
①흰 말 ②검은 말 ③붉은 말 ④청황색 말

8. 용사들의 무엇은 붉고 그의 무사들의 옷도 붉으며 병거의 쇠는 번쩍이는가(나2:3)
①투구 ②갑옷 ③얼굴 ④방패

9. 스가랴는 골짜기 속 화석류나무 사이에 섰고 그 뒤에 있지 않은 것(슥1:8)
①붉은 말 ②검정 말 ③자주빛 말 ④백마

10. 모세가 율법대로 송아지와 염소의 피 및 물과 붉은 무엇과 우슬초를 취하여 뿌렸나(히9:19)
①피 ②옷감 ③짐승 ④양털

93. 신체

1. 형제들아 우리가 잠시 너희를 떠난 것은 무엇이요 라고 하면서 보기를 힘쓴다 했나(살전2:17)
   ①마음 ②육체 ③얼굴 ④걸음

2. 예수의 어디에 엎드리어 감사한 사람은 사마리아 사람이라 뿐 이었나(눅17:16)
   ①허리 ②발 ③몸 ④손

3. 예수께서 저녁 잡수시던 자리에서 일어나 겉옷을 벗고 수건을 가져다가 어디에 두르셨나(요13:4)
   ①허리 ②어께 ③팔 ④다리

4. 못 걷게 된 사람의 어디를 잡아 일으키니 발과 발목이 힘을 얻었나(행3:7)
   ①왼손 ②오른손 ③가슴 ④팔

5. 제사장은 그 속건제물의 피를 취하여 정결함을 받을 자에게 바를 곳이 아닌 곳(레14:14)
   ①귓부리 ②엄지손가락 ③엄지발가락 ④이마

6. 시온의 딸들이 교만하여 쟁쟁한 소리를 내는 것이 아닌 것(사3:16)
   ①늘인 목 ②정을 통하는 눈③떠벌리는 입술④아기작거리며 걷는 발

7. 내 입은 진리를 말하며 내 무엇은 악을 미워하느니라(잠8:7)
   ①목 ②입술 ③눈 ④몸

8. 자기가 야곱을 이기지 못함을 보고 그가 야곱의 어디 관절을 치매 씨름할 때에 어긋났나(창32:25)
   ①허벅지 ②팔목 ③종다리 ④발목

9. 너희를 향하여 피리를 불어도 너희가 춤추지 않고 우리가 슬피 울어도 어디를 치지 아니함과 같다하였나(마11:17)
   ①박수 ②손뼉 ③배 ④가슴

10. 애굽의 포로와 구스의 사로잡힌 자가 앗수르 왕에게 끌려갈 때에 젊은 자나 늙은 자가 다 벗은 몸과 벗은 발로 어디까지 드러내어 애굽의 수치를 보였나(사20:4)
   ①허리 ②엉덩이 ③볼기 ④종다리

94. 신자의 할일

1. 빛 가운데로 행하면 우리가 서로 무엇이 있다고 했는가(요일1:7)
①섬김 ②위로 ③우애 ④사귐

2. 여러가지 은혜를 맡은 선한 청지기 같이 서로 무엇하라 했나(벧전4:10)
①덕 ②화평 ③봉사 ④사랑

3. 그리스도께서 우리를 받아 하나님께 영광을 돌리심 같이 너희도 서로 무엇하라 했나(롬15:7)
①돌려라 ②받으라 ③드려라 ④바쳐라

4. 각각 다른 사람들의 일을 어떻게 하여 나의 기쁨을 충만하게 하라 했나(빌2:4)
①돌보아 ②살펴 ③참여해 ④관찰하여

5. 그리스도의 말씀이 너희 속에 풍성히 거하여 모든 지혜로 피차 무엇하며 권면하라 했나(골3:16)
①가르치며 ②돌보며 ③사랑하며 ④알려주며

6. 서로 무엇하기를 원망없이 하라 했나(벧전4:9)
①사랑하기를 ②대접하기를 ③수고하기를 ④가르치기를

7. 죄를 서로 고백하며 병 낫기를 위하여 서로 무엇을 하라 했나(약5:16)
①대접하기를 ②찬송하기를 ③기도하기를 ④용서하기를

8. 그리스도를 경외함으로 피차 해야 할 것(엡5:21)
①사랑하라 ②높이라 ③찬송하라 ④복종하라

9. 무엇보다도 뜨겁게 서로 무엇하라 했나 또 그것은 허다한 죄를 덮는가(벧전4:8)
①열심을 내라 ②사랑하라 ③전도하라 ④믿으라

10. 피차 권면하고 서로 무엇 세우기를 너희가 하는 것 같이 하라 했나(살전5:11)
①덕 ②믿음 ③존경 ④대접

95. 일곱

1. 일곱 좋은 암소는 일곱 해요 일곱 좋은 이삭도 일곱 해니 그 꿈은 하나라 해몽한 자(창41:26)
   ①모세 ②이삭 ③요셉 ④야곱

2. 제사장 일곱은 일곱 양각 나팔을 잡고 언약궤 앞에서 나아 함락한 성(수6:4)
   ①아이성 ②여리고성 ③고모라성 ④애굽성

3. 누가 발락에게 이르되 나를 위하여 여기 일곱 제단을 쌓고 거기 수송아지 일곱 마리와 숫양 일곱 마리를 준비하라 했나(민23:29)
   ①기드온 ②삼손 ③엘리야 ④발람

4. 하나님 앞에 누가 서 있어 일곱 나팔을 받는 것을 보았나(계8:2)
   ①예수님 ②장로들 ③천사들 ④제자들

5. 하루에 일곱 번이라도 네게 죄를 짓고 일곱 번 네게 돌아와 내가 회개하노라 하면 무엇을 해야 하나(눅17:4)
   ①용서 ②사랑 ③긍휼 ④자비

6. 일곱 안식일 이튿날까지 합하여 며칠을 계수하여 새 소제를 여호와께 드리라 했나(레23:16)
   ①열흘 ②이십일 ③오십일 ④백일

7. 사천 명에게 무엇을 나누어 주고 남은 것이 일곱 광주리였나(막8:20)
   ①빵 ②떡 ③생선 ④과일

8. 일곱째 날에는 무엇으로 모일 것이요 아무 일도 하지 말 것이니라 했나(민28:25)
   ①집회 ②안식일 ③성회 ④회의

9. 어떤 것이 머리가 일곱이요 뿔이 열이라 그 여러 머리에 일곱 왕관이 있는가(계12:3)
   ①사단 ②뱀 ③전갈 ④용

10. 이스라엘 족속이 일곱 달 동안에 그들을 무엇하여 그 땅을 정결하게 할 것이라 했나(겔39:12)
    ①매장 ②굶겨 ③치워 ④잡아두어

96. 주님오심

1. 나는 의인을 부르러 온 것이 아니요 누구를 부르러 왔노라 하셨나(마9:13)
①인자 ②제자 ③백성 ④죄인

2. 인자의 온 것은 섬김을 받으려 함이 아니요 도리어 무엇하기 위함인가(마20:28)
①섬기려 ②사랑하려 ③믿게 하려 ④알게 하려

3. 율법이나 선지자를 폐하러 온 것이 아니요 무엇하게 하려 함인가(마5:17)
①온전하게 ②완전하게 ③보충하려 ④믿게 하려

4. 인자의 온 것은 잃어버린 자를 찾아 무엇하기 위함인가(눅19:10)
①구원 ②찬송 ③성령충만 ④상급주기

5. 다른 가까운 마을로 가자 거기서도 무엇을 하리니 이를 위하여 왔다 했나(막1:38)
①용서 ②사랑 ③전도 ④구원

6. 내가 무엇을 땅에 던지러 왔다 하셨나(눅12:49)
①물 ②불 ③성령 ④심판

7. 자기 목숨을 많은 사람의 무엇으로 주려 함이라 하셨나(막10:45)
①생명 ②희망 ③피 ④대속물

8. 내가 무엇하러 이 세상에 왔으니 보지 못하는 자가 보게 되는가(요9:39)
①집권 ②재판 ③심판 ④상급 주려

9. 네 말과 같이 내가 왕이라 이를 위하여 세상에 왔나니 무엇에 대하여 증언하려 함인가(요18:37)
①하늘나라 ②진리 ③말씀 ④복음

10. 두루마리 책에 나를 가리켜 기록된 것과 같이 무엇을 행하려 왔다 했나(히10:7)
①심판 ②전도 ③하나님의 뜻 ④성령충만

97. 지혜

1. 누가 여호와께 지혜를 얻은 브사렐과 오홀리압을 불렀는가(출36:2)
①모세 ②아론 ③레위 ④여호수아

2. 입을 열어 지혜를 베풀며 그 혀로 인애의 법을 말하는 자(잠31:26)
①현숙한 여인 ②좋은 여인 ③다비다 ④드보라

3. 환난에서 건져내사 애굽 왕 앞에서 은총과 지혜를 받은 자(행7:10)
①다니엘 ②요셉 ③야곱 ④기드온

4. 누가 애굽 사람들의 모든 지혜를 배워 말과 하는 일에 능했나(행7:22)
①요셉 ②모세 ③여호수아 ④아론

5. 모세가 누구에게 안수함으로 지혜의 영이 충만했는가(신34:9)
①요셉 ②아론 ③여호수아 ④갈렙

6. 누가 놋 일에 지혜와 총명과 재능을 구비하였었나(왕상7:14)
①보아스 ②엘리아다 ③히람 ④르손

7. 네게 지혜롭고 총명한 마음을 준다 앞에도 뒤에도 너와 같은 자가 없다 하셨나(왕상3:12)
①다윗 ②사울 ③요시아 ④솔로몬

8. 네 하나님의 지혜를 따라 하나님의 율법을 아는 자를 통해 법관과 재판관을 삼았나라고 누구에게 말했나(스7:25)
①에스더 ②예레미야 ③엘라단 ④에스라

9. 누가 지혜와 성령으로 말할 때 능히 당하지 못하였나(행6:10)
①스데반 ②빌립 ③니가노르 ④디몬

10. 우리가 사랑하는 형제 누구도 그 받은 지혜대로 썼는가(벧후3:15)
①베드로 ②빌립 ③스데반 ④바울

98. 찬송

1. 누가 아기를 안고 하나님을 찬송하였나(눅2:28)
①사가랴 ②시므온 ③마리아 ④엘리사벳

2. 입이 곧 열리고 혀가 풀리며 말을 하여 하나님을 찬송한 자(눅1:64)
①마리아 ②사가랴 ③엘리사벳 ④시므온

3. 수많은 천군이 누구와 함께 하나님을 찬양했는가(눅2:13)
①목자들 ②제사들 ③천사들 ④장로들

4. 한밤중에 누구와 누가 기도하고 하나님을 찬송하매 죄수들이 들었나(행16:25)
①바울과바나바 ②야고보와요한 ③베드로와안드레④바울과 실라

5. 모든 무엇들아 주를 찬양하며 모든 백성들아 그를 찬송하라 했나(롬15:11)
①열방 ②나라 ③사람 ④왕들

6. 한 입에서 찬송과 무엇가 나오는도다 내 형제들아 이것이 마땅하지 아니하다 했나(약3:10)
①감사 ②비난 ③저주 ④영광

7. 다윗의 때에 여호와 찬송하기를 배워 익숙한 자의 수효가 몇 이었나(대상25:7)
①이백오십칠 명 ②이백삼십팔 명 ③이백팔십칠 명 ④이백팔십팔 명

8. 주 나의 하나님이여 내가 전심으로 주를 찬송하고 영원토록 주의 이름에 무엇을 돌린다 했나(시86:12)
①영광 ②감사 ③찬양 ④박수

9. 이방인들이 듣고 기뻐하여 하나님의 말씀을 찬송하며 무엇을 주시기로 작정된 자는 다 믿었나(행13:48)
①구원 ②생명 ③상급 ④영생

10. 앞에서 가고 뒤에서 따르는 자들이 소리 지르되 무엇을 찬송하리로다 하였나(막11:9)
①달리다굼 ②에바다 ③호산나 ④하나님

주제별 성경퀴즈 정답

1) 1.② 2.③ 3.① 4.① 5.③ 6.④ 7.② 8.① 9.③ 10.②

2) 1.② 2.① 3.④ 4.③ 5.① 6.② 7.③ 8.② 9.② 10.①

3) 1.② 2.③ 3.④ 4.① 5.④ 6.① 7.② 8.③ 9.① 10.①

4) 1.① 2.② 3.① 4.④ 5.③ 6.① 7.② 8.③ 9.① 10.④

5) 1.① 2.③ 3.② 4.② 5.① 6.④ 7.① 8.③ 9.② 10.①

6) 1.② 2.② 3.④ 4.④ 5.① 6.② 7.① 8.④ 9.① 10.①

7) 1.① 2.② 3.③ 4.④ 5.① 6.② 7.④ 8.③ 9.① 10.④

8) 1.① 2.② 3.③ 4.① 5.① 6.① 7.③ 8.④ 9.② 10.③

9) 1.③ 2.① 3.③ 4.② 5.④ 6.③ 7.② 8.① 9.② 10.①

10) 1.② 2.① 3.③ 4.④ 5.① 6.② 7.④ 8.② 9.① 10.④

11) 1.② 2.④ 3.② 4.③ 5.② 6.④ 7.① 8.③ 9.① 10.②

12) 1.① 2.② 3.④ 4.② 5.③ 6.② 7.③ 8.② 9.④ 10.②

13) 1.② 2.① 3.④ 4.④ 5.② 6.③ 7.① 8.② 9.① 10.②

14) 1.① 2.④ 3.③ 4.④ 5.② 6.② 7.④ 8.③ 9.③ 10.②

15) 1.② 2.② 3.① 4.④ 5.② 6.③ 7.① 8.② 9.③ 10.④

16) 1.③ 2.① 3.④ 4.① 5.② 6.④ 7.③ 8.② 9.① 10.③

17) 1.③ 2.③ 3.② 4.① 5.② 6.② 7.① 8.① 9.④ 10.②

18) 1.③ 2.② 3.③ 4.① 5.④ 6.① 7.② 8.① 9.③ 10.①

19) 1.② 2.③ 3.② 4.① 5.② 6.③ 7.② 8.③ 9.④ 10.④

20) 1.② 2.③ 3.④ 4.① 5.③ 6.① 7.② 8.③ 9.④ 10.①

21) 1.② 2.① 3.④ 4.④ 5.② 6.③ 7.③ 8.② 9.① 10.②

22) 1.② 2.① 3.③ 4.① 5.③ 6.④ 7.② 8.① 9.③ 10.④

23) 1.③ 2.② 3.③ 4.① 5.① 6.② 7.① 8.③ 9.③ 10.③

24) 1.① 2.② 3.④ 4.① 5.④ 6.① 7.④ 8.① 9.② 10.①

25) 1.② 2.④ 3.① 4.③ 5.② 6.③ 7.① 8.③ 9.② 10.①

26) 1.② 2.③ 3.② 4.① 5.④ 6.③ 7.① 8.③ 9.④ 10.②

27) 1.④ 2.② 3.① 4.③ 5.② 6.④ 7.② 8.① 9.① 10.②

28) 1.③ 2.② 3.④ 4.② 5.③ 6.③ 7.① 8.② 9.③ 10.③

29) 1.② 2.① 3.③ 4.④ 5.① 6.② 7.③ 8.③ 9.① 10.③

30) 1.④ 2.② 3.③ 4.① 5.④ 6.③ 7.① 8.③ 9.① 10.②

31) 1.② 2.③ 3.④ 4.③ 5.② 6.① 7.③ 8.② 9.① 10.③

32) 1.① 2.② 3.① 4.② 5.① 6.③ 7.② 8.③ 9.② 10.④

33) 1.① 2.③ 3.④ 4.③ 5.③ 6.① 7.② 8.① 9.④ 10.②

34) 1.① 2.③ 3.② 4.④ 5.① 6.② 7.② 8.① 9.② 10.④

35) 1.④ 2.④ 3.② 4.④ 5.③ 6.② 7.① 8.③ 9.② 10.①

36) 1.④ 2.④ 3.② 4.② 5.④ 6.② 7.③ 8.② 9.① 10.②
37) 1.① 2.② 3.② 4.④ 5.② 6.③ 7.① 8.② 9.③ 10.③
38) 1.③ 2.① 3.② 4.③ 5.② 6.① 7.① 8.① 9.③ 10.②
39) 1.④ 2.③ 3.① 4.③ 5.③ 6.② 7.④ 8.③ 9.③ 10.④
40) 1.① 2.② 3.① 4.③ 5.② 6.① 7.④ 8.④ 9.① 10.①

41) 1.① 2.③ 3.② 4.① 5.② 6.① 7.③ 8.② 9.③ 10.④
42) 1.② 2.① 3.② 4.① 5.① 6.③ 7.② 8.① 9.④ 10.④
43) 1.① 2.③ 3.② 4.④ 5.① 6.③ 7.① 8.② 9.① 10.①
44) 1.② 2.④ 3.① 4.④ 5.② 6.② 7.① 8.④ 9.② 10.③
45) 1.③ 2.② 3.② 4.③ 5.② 6.① 7.② 8.① 9.③ 10.②

46) 1.③ 2.① 3.④ 4.② 5.③ 6.① 7.③ 8.④ 9.② 10.①
47) 1.② 2.① 3.② 4.③ 5.③ 6.② 7.① 8.② 9.③ 10.②
48) 1.④ 2.① 3.② 4.③ 5.③ 6.② 7.① 8.② 9.③ 10.②
49) 1.① 2.③ 3.② 4.① 5.③ 6.① 7.③ 8.④ 9.① 10.③
50) 1.② 2.① 3.③ 4.② 5.① 6.③ 7.① 8.② 9.① 10.①

51) 1.① 2.③ 3.③ 4.④ 5.③ 6.① 7.③ 8.① 9.④ 10.②
52) 1.④ 2.③ 3.② 4.① 5.② 6.③ 7.② 8.② 9.① 10.④
53) 1.④ 2.② 3.② 4.① 5.② 6.③ 7.① 8.③ 9.③ 10.③
54) 1.② 2.② 3.③ 4.④ 5.① 6.③ 7.② 8.② 9.③ 10.④
55) 1.④ 2.① 3.④ 4.② 5.③ 6.① 7.② 8.③ 9.③ 10.①

56) 1.② 2.① 3.① 4.④ 5.② 6.③ 7.② 8.② 9.③ 10.①
57) 1.② 2.③ 3.④ 4.③ 5.① 6.④ 7.① 8.② 9.③ 10.①
58) 1.② 2.① 3.④ 4.② 5.② 6.③ 7.④ 8.③ 9.③ 10.④
59) 1.② 2.① 3.③ 4.① 5.③ 6.② 7.④ 8.③ 9.② 10.①
60) 1.③ 2.① 3.② 4.③ 5.① 6.③ 7.② 8.③ 9.① 10.④

61) 1.① 2.② 3.③ 4.③ 5.④ 6.② 7.③ 8.② 9.③ 10.①
62) 1.① 2.② 3.① 4.② 5.① 6.③ 7.② 8.③ 9.② 10.④
63) 1.① 2.③ 3.④ 4.① 5.② 6.③ 7.③ 8.① 9.① 10.①
64) 1.① 2.② 3.② 4.③ 5.① 6.② 7.② 8.① 9.④ 10.①
65) 1.② 2.① 3.③ 4.① 5.② 6.① 7.② 8.③ 9.② 10.②

66) 1.② 2.① 3.③ 4.① 5.② 6.③ 7.② 8.③ 9.① 10.②
67) 1.② 2.② 3.① 4.② 5.③ 6.③ 7.① 8.④ 9.② 10.②
68) 1.① 2.④ 3.② 4.① 5.③ 6.② 7.① 8.④ 9.③ 10.②
69) 1.② 2.① 3.① 4.③ 5.① 6.④ 7.④ 8.③ 9.① 10.②

주제별 성경퀴즈 정답

70) 1.① 2.④ 3.② 4.④ 5.③ 6.① 7.① 8.② 9.① 10.④

71) 1.② 2.① 3.② 4.① 5.④ 6.① 7.② 8.① 9.① 10.③
72) 1.③ 2.① 3.④ 4.① 5.④ 6.② 7.① 8.② 9.③ 10.④
73) 1.② 2.① 3.④ 4.① 5.② 6.② 7.④ 8.③ 9.② 10.①
74) 1.② 2.③ 3.③ 4.① 5.② 6.① 7.④ 8.② 9.② 10.③
75) 1.② 2.① 3.① 4.② 5.① 6.③ 7.④ 8.③ 9.① 10.①

76) 1.③ 2.① 3.② 4.④ 5.① 6.② 7.① 8.② 9.① 10.③
77) 1.④ 2.④ 3.① 4.② 5.③ 6.① 7.② 8.③ 9.① 10.②
78) 1.④ 2.③ 3.① 4.① 5.② 6.③ 7.① 8.① 9.② 10.④
79) 1.③ 2.① 3.④ 4.② 5.③ 6.③ 7.② 8.④ 9.① 10.②
80) 1.② 2.③ 3.① 4.③ 5.② 6.④ 7.② 8.① 9.③ 10.①

81) 1.① 2.② 3.④ 4.④ 5.① 6.③ 7.② 8.④ 9.② 10.①
82) 1.② 2.④ 3.① 4.② 5.④ 6.③ 7.① 8.③ 9.② 10.④
83) 1.③ 2.① 3.① 4.② 5.④ 6.④ 7.③ 8.① 9.② 10.③
84) 1.② 2.② 3.① 4.③ 5.④ 6.② 7.① 8.③ 9.④ 10.①
85) 1.③ 2.④ 3.① 4.② 5.① 6.② 7.③ 8.② 9.④ 10.③

86) 1.① 2.② 3.③ 4.② 5.④ 6.① 7.④ 8.③ 9.① 10.②
87) 1.④ 2.② 3.④ 4.① 5.③ 6.① 7.② 8.④ 9.③ 10.④
88) 1.① 2.② 3.① 4.② 5.③ 6.④ 7.④ 8.③ 9.④ 10.④
89) 1.② 2.④ 3.① 4.② 5.③ 6.② 7.③ 8.④ 9.① 10.②
90) 1.① 2.① 3.③ 4.③ 5.④ 6.② 7.② 8.④ 9.② 10.①

91) 1.② 2.③ 3.④ 4.① 5.① 6.① 7.② 8.③ 9.③ 10.④
92) 1.② 2.① 3.③ 4.③ 5.① 6.② 7.③ 8.④ 9.② 10.④
93) 1.③ 2.② 3.① 4.② 5.④ 6.③ 7.② 8.① 9.④ 10.③
94) 1.④ 2.③ 3.② 4.① 5.① 6.② 7.③ 8.④ 9.② 10.①
95) 1.③ 2.② 3.④ 4.④ 5.① 6.③ 7.② 8.③ 9.④ 10.①

96) 1.④ 2.① 3.② 4.① 5.③ 6.② 7.④ 8.③ 9.② 10.③
97) 1.① 2.① 3.② 4.② 5.③ 6.③ 7.④ 8.④ 9.① 10.④
98) 1.② 2.② 3.③ 4.④ 5.① 6.③ 7.④ 8.① 9.④ 10.③